"Verstehen und Sprechen sind nur verschiedenartige Wirkungen der nämlichen Sprachkraft."

Wilhelm von Humboldt (1827)

Sprechen und Verstehen.
Schriften zur Sprechwissenschaft
und Sprecherziehung

Band 6

Herausgegeben von Hellmut Geißner
Universität Koblenz-Landau

Martin Beck

Unterrichtsgespräche.
Zwischen Lehrerdominanz und
Schülerbeteiligung

Eine sprechwissenschaftliche Untersuchung
didaktischer Ansätze
zur Unterrichtskommunikation

1994

Röhrig Universitätsverlag
St. Ingbert

Die Deutsche Bibliothek - CIP-Einheitsaufnahme

Beck, Martin:
Unterrichtsgespräche: zwischen Lehrerdominanz
und Schülerbeteiligung; eine sprechwissenschaftliche
Untersuchung didaktischer Ansätze zur Unterrichts-
kommunikation / Martin Beck.
- St. Ingbert: Röhrig, 1994
    (Sprechen und Verstehen; Bd. 6)
    ISBN 3-86110-035-5
NE: GT

Umschlag: Jürgen Kreher
Herstellung: Arco-Druck, Hallstadt
Printed in Germany 1994
ISBN 3-86110-035-5

Inhaltsverzeichnis

1. Gespräch und Gesellschaft. Zum Stellenwert eines Teilbereichs rhetorischer Kommunikation für die Schule

Für die Schulsituation gilt auch heute noch, daß sie gesellschaftliche Wirklichkeit nur widerspiegelt (Vgl. Geißner, 1977 : 293; Geißner, H.u.U., 1974 : 163). Insofern ist es an dieser Stelle folgerichtig, die gesellschaftliche Bedeutung des Gesprächs mitzubedenken. Immerhin ist es auffällig, daß in vielen Ansätzen zum Unterrichtsgespräch zu einfachen Erklärungsmustern gegriffen wird, wenn das Gespräch als Unterrichtsform oder als Lernziel legitimiert werden soll.

Da heißt es in älteren Konzepten, Demokratie sei nun mal "die allgemeine Situation", und: "Was für die allgemeine Situation gilt, muß für die Schule gelten" (Höller, 1970 : 9). Oder: "Die Pflege einer lebendigen Gesprächskultur" sei gerade "für die Form der Demokratie" notwendig (Stöcker, 1960 : 151).

Andere, oft neuere Ansätze begnügen sich damit, das Gespräch als Lernziel oder Unterrichtsform lediglich aus pädagogischer, didaktischer oder sozialpsychologischer Sicht zu begründen und scheinen jegliche Nähe zu einer politischen Legitimation zu scheuen (Vgl. Graucob, Rössner, Meyer, Göldner, Pschibul).

Auch die in Mode gekommenen Ansätze "offenen Unterrichts" benötigen zur Realisierung von Wochenplan und Freiarbeit, die den Schülerinnen und Schülern "Gelegenheit zu selbständiger Arbeit nach eigener Wahl und eigenem Rhythmus in freigewählten Sozialformen" (Praxismappe Freiarbeit, 1989 : 8) geben wollen, ein ausgesprochen hohes Maß an Gesprächs- und Gesprächsverstehensfähigkeit der Lehrerinnen und Lehrer, der Schülerinnen und Schüler. Die Forderung nach "neuen(n), solidarische(n) Kommunikationsformen" (ebd. :13) erwächst aber letztlich aus den internen Folgen einer umstrukturierten oder neuzustrukturierenden Schüler - Schüler, Lehrer - Schülerbeziehung , deren gruppendynamische Konsequenzen durch Gesprächserziehung aufgefangen werden sollen (ebd. : 14). Die Legitimation ergibt sich also eher aus organisatorisch - methodischen Gründen, denn aus einer - im weitesten Sinne - politischen Absicht.

Der Optimismus der frühen siebziger Jahre, die Rhetorik werde für den Deutschunterricht wiederentdeckt (Vgl. Dyck, 1974 : 7f), ist inzwischen längst verflogen und war schon seinerzeit unbegründet (Vgl. Dieckmann, 1981 : 159ff). Es stellt sich überhaupt die Frage, ob sich eine rhetorische Pädagogik für die Schule entwickelt hat, die, wie Geißner 1973 allgemein für Rhetorik formulierte, "nicht nur Rede, sondern auch Gespräch" (Geißner, 1975/2 : 21) zum Inhalt hat. Rhetorik oder rhetorische Kommunikation ist, trotz ihrer Rückkehr in die Lehrpläne des Deutschunterrichts (Vgl. Ockel, 1974), kein eigenes Unterrichtsfach, noch findet es in der Lehrerausbildung Berücksichtigung (Vgl. Wagner, 1987 : 132f).

Leider ist nach wie vor gültig, daß Erwachsene, z.B. in Volkshochschulkursen, "Rhetorik" lernen wollen, "was sie am traditionellen Ort des Lernens nicht lernen konnten, d.h. in dieser Frage kommt ein Defizit des Schulunterrichts zum Vorschein...; es gibt zu viele Bereiche, in denen Menschen, die sprechen können, nichts zu sagen haben, bzw. in denen die, die das Sagen haben, andere nicht sprechen lassen."- wie Geißner 1977 formulierte (Geißner, 1977 : 293).

Im Gegensatz zur traditionellen Rhetorik hat das sozialpragmatische Konzept "Rhetorische Kommunikation" dargelegt, daß es Gespräch und Rede umfaßt (Geißner, 1979/1 : 11f) und hat das Gespräch in den Mittelpunkt gestellt (Geißner, 1981 : 153ff).

In der 'Sprecherziehung' werden "Gespräche als aktuell dialogisch, Reden dagegen als latent dialogisch" verstanden, folglich "die Lernschrittfolge vom Gespräch zur Rede" praktiziert (Geißner, 1982 : 98), was sich letztlich auch aus der antiken Rhetorik ableiten ließe (Vgl. Geißner 1993/2 : 6f). Auf einen kleinen Nenner gebracht, werden Gespräche durch die Zielorientierung auf Handlungsauslösung 'rhetorisch' (Vgl. Geißner, 1979/1 : 15).

Das Lernziel "kritische Mündigkeit" bedarf praktisch der Dialogizität. "Weder mündig noch kritisch wird einer durch formale Belehrung, durch Lernen politischer Fakten in einer formalisierten Institutionenkunde ..., sondern durch das Erfahren eigener Vorurteiligkeit, dem Einsetzen eigener Meinung in die Auseinandersetzung mit den Meinungen anderer, dem emotional gesteuerten Rationalisierungsprozeß

8

beim gemeinsamen Fragen, Suchen, Lösen, Streiten und Entscheiden." (Geißner, 1975/2 : 16f).

Die Fähigkeit zur Kritik und Demokratie entwickelt sich also nicht durch Rede, sondern durch Rede und Gegenrede, also durch Debatte. "Je mehr Gespräch, desto mehr Demokratie. Dies ist offensichtlich das gesprächsrhetorische Fundament auch parlamentarischer Demokratie. Das entscheidende Instrument im Parlamentarismus ist nicht die >große< Rede, sondern das Streitgespräch, die Debatte" (Geißner, 1991/1 : 68). Daraus ergeben sich Aufgaben für Rhetorik, rhetorische Pädagogik und rhetorische Kritik.

Rhetorik und rhetorische Pädagogik sollen versuchen aufzuzeigen, welche Voraussetzungen gegeben sind, die Gesprächsfähigkeit der von angeblichen Sachzwängen betroffenen Menschen herzustellen, damit sie ihre Interessen in die politischen Entscheidungsprozesse einbringen können.

Rhetorik und rhetorische Kritik müssen prüfen, inwieweit Vorbedingungen für Prozesse rhetorischer Kommunikation, nämlich Fähigkeiten zum Klären von Problemstellungen und zum Streiten über Problemlösungen, existieren, bzw. welche Fähigkeiten in der rhetorischen Praxis vermittelt oder erworben werden.

Die Kategorie des 'Sachzwangs' begründet einen quasi automatischen, aus der Sache selbst entspringenden Entscheidungsvorgang. Sie erstellt die Illusion, die Sache selbst erzeuge neue Realitäten, weil der 'Sachzwang' eben nur *eine,* dann nicht mehr hinterfragbare Entscheidung zuläßt. In diesem Sinne garantiert das Objekt scheinbare Objektivität. Tatsächlich werden Entscheidungen aber immer von Menschen getroffen. Das 'Sachzwang' - Argument läßt nur Spezialisten und Fachleute zu, schließt bestimmte Menschengruppen aus, oft auch dann, wenn sie vom Vollzug der Entscheidungen tangiert sind, also auch über eine Form von 'Sachwissen' verfügen. Die Kategorie des 'Sachzwangs' bedeutet in letzter Konsequenz eine 'sachlogisch' begründbare Steuerbarkeit der betroffenen Menschen. Folglich dient 'Sachzwang' der Legitimation von Machtausübung. Dieser oft behauptete Sachzwang ist allerdings in Institutionen und

Organisationen unter Einbezug der Möglichkeit gemeinsamer Wahrheitsfindung auflösbar in die Kategorie des 'Sachkonflikts'. Dann wird der geniale Spezialist, der aus der Sache *die* Entscheidung ableitet, abgelöst vom 'Kollektiv', das spezialisierte Informationen generalisiert und gemeinsam nach Lösungen sucht, um eine für alle tragbare/erträgliche Entscheidung zu treffen. Dazu braucht der Mensch aber Gesprächsfähigkeit, um zu klären und zu streiten (Vgl. Beck, 1993 : 37f).

Dementsprechend "ist es redepädagogisches Ziel, rhetorische Kommunikationsfähigkeit zu entwickeln und mit Hilfe rhetorischer Prozesse institutionelle und organisatorische Bedingungen zu verändern, (...) weil damit die Möglichkeiten sich über gemeinsame Handlungsziele und - Wege zu verständigen eingeschränkt oder vereitelt werden" (Geißner, 1979/2 : 33).

Viele Menschen sehen sich unter den Bedingungen einer multimedialen Gesellschaft einem überdrückenden Angebot an Reizen ausgesetzt, von dem es heißt, daß es zu ihrer Desorientierung beiträgt und vor allem ihre Zeit in Anspruch nimmt. Zeit, die fehlt, um in Gespräch und Rede Selbstbestimmung und Mitbestimmung wahrzunehmen/auszuüben, ob gesamtgesellschaftlich, ob 'subsystemisch'. (Beck, 1993 : 40).

"Die Rhetorizität der neuen Medien erleichtert die zwischenmenschliche Kommunikation nicht, sie verstärkt den Leidensdruck des 'öffentlichen Schweigens' " (Geißner, 1977 : 293). Die zahlreichen PC in den privaten Haushalten unterstützen den "Rückzug in private Gesprächslosigkeit" (Geißner, 1990 : 101): "Während das Fernsehen die massenhafte Vereinzelung fördert, bewirken Computer eher eine Vereinzelung des Massenmenschen" (Geißner, 1990 : 102).

Werden durch Sachzwang dauerhaft Interessen von Menschen in polititischen oder alltäglichen Willensbildungs- und Entscheidungsprozessen ausgeschlossen, findet keine oder rhetorische Kommunikation ohne sie statt, dann liegt es nahe zu vermuten, daß sich unter den Bedingungen der "Rhetorizität von Fernsehen" (Geißner, 1991/2 : 119ff) kommunikative Defizite einstellen.

Gerade deshalb bleibt das Lernziel "Kritische Mündigkeit" aktuell, weil in unserer Gegenwart Sprachlosigkeit mit brutaler Gewalt gegen Andersdenkende einhergeht. Demokratische Handlungsweisen in der Schule zu vermitteln, kann sich nur im gleichberechtigten Gespräch ereignen, wenn dieses im "Wechselbezug von Fragen und Antworten" stattfindet, "wenn Rollen von Frager und Antworter nicht fixiert sind" und "Zuhören und Fragen, Ausredenlassen und Nachfragen zu den Bedingungen des Gesprächs gehören" (Geißner, 1977 : 300).

In dem Feld 'konkurrierender' Rhetorikansätze ist jedoch das sprechwissenschaftliche Konzept "Rhetorische Kommunikation"(Geißner, 1969), das sich von traditioneller Rhetorik auch begrifflich unterscheidet, nur eines unter vielen.

Inwieweit eine an das sozialpragmatische Konzept rhetorischer Kommunikation anknüpfende Gesprächserziehung überhaupt im Unterricht stattfindet, kann hier nicht festgestellt werden und setzt letztlich umfangreiche empirische Untersuchungen voraus. Vielmehr soll in dieser Arbeit erörtert werden, inwieweit Ansätze zum Unterrichtsgespräch gesprächserzieherische Maximen des sozialpragmatischen Ansatzes berücksichtigen, ist es doch gerade Alltagsroutine, auch schulische, die kommunikatives Verhalten beeinflußt.

2. Gespräch und Gesprächserziehung im sprechwissenschaftlichen Ansatz

Theorie des Gesprächs sowie Gesprächspädagogik gehören in den Bereich der rhetorischen Kommunikation. Die sprechwissenschaftliche Rhetorik setzte ihren Begriff der Kommunikation ab von den heute noch oft gebräuchlichen "informationstheoretischen Kommunikationsmodellen", die Kommunikation verstehen als einen Prozeß der Informationsvermittlung. Kommunikation ist nicht einfach das Weiterreichen von Nachrichten, vielmehr wird "eine Sache durch Kommunikation zur 'gemeinsamen Sache'", Kommunikation wird zur "Gemeinschaftshandlung", wie Geißner 1977 abgrenzend und grundlegend definierte (Geißner, 1977 :295).

Gespräch läßt sich demnach nur als wechselseitiger Prozeß offenen Fragens und Antwortens verstehen. Ein "Miteinandersprechen", das "formal" ein offener Prozeß des Fragens und Antwortens ist, in dem die "Rollen von Frager und Antworter ... grundsätzlich austauschbar sind", nennt Geißner ein "symmetrisches Gespräch" (Geißner, 1975/ 1 : 60).

"Wenn jedoch rhetorische Gespräche beginnen, dann heißt das, daß die 'Mitunterredner' fragen, daß sie ratsuchen und sich beraten (vgl. Geißner, U., 1975 : 41ff.); daß sie Situation, Sachverhalte und Beziehung klären; sich als Handelnde problematisieren; zielführende Lösungen suchen; über vorgeschlagene Lösungen streiten; interessegeleitet verhandeln; Entscheidungsmöglichkeiten aushandeln; über Ziele und Wege gemeinsamen Handelns entscheiden" (Geißner, 1981 : 161). In diesem Ausschnitt der 'Sprechwissenschaft' Geißners sind alle wesentlichen Gesprächsformen bereits als "Prozeßfolge" (ebd.) zusammengefaßt. Es sind genau jene Kommunikationsprozesse genannt, die die Voraussetzung zur Kooperation von Menschen bilden, die unterschiedliche Interessen aufdecken und auch eventuell zusammenführen können.

Als Gesprächsformen nennt Geißner 1975 Persongespräche und Sachgespräche. Die Persongespräche unterteilt er in Kontakt- und Identifikationsgespräche. Die Sachgespräche unterscheidet er in Klärungsgespräche, Streitgespräche und - von diesen beiden inhaltlich abgehoben - Kampfgespräche (Geißner 1975/1 : 62).

"Grundtypen" rhetorischer Gespräche sind Klären und Streiten (Geißner, 1981 : 161). Schematisch unterteilt Geißner die Gesprächsformen nach den Unterscheidungskriterien: Beziehungsdiagramm, 2. Leiterrolle, 3. Teilnehmerrolle, 4.Gefahren (Geißner, 1975/1 : 63).

Klären und Streiten sind komplexe Gesprächsmuster, die verschiedene Teilmuster beinhalten. Beim Klären geht es in einer Gruppe darum, "eingemeinsames Problemverständnis" zu finden (Geißner, 1982 : 103). Die Gesprächsteilnehmer bringen ihre Erfahrungen in den Gesprächsprozeß ein, sie erfragen "aus welchem Horizont diese Perspektive von einem Partner, die andere von einem anderen einge-

Aufgaben von Geprächsleiter und Teilnehmer in verschiedenen "Formen des Gesprächs" nach Geißner (1975 : 63)

Formen		"Scheingespräch"	"Klärungsgespräch"	Streitgespräch	Kampfgespräch
2. Beziehungs-Diagramm	*Zeichenerklärung:* ● = Gesprächs-gegenstand □ = Gesprächs-leiter ○ = Gesprächs-teilnehmer ... = ohne Leiter	(Beziehungsdiagramm)	(Beziehungsdiagramm)	(Beziehungsdiagramm)	(Beziehungsdiagramm)
3. Leiter-Rolle	*Amtsautorität* (Sachkompetenz) *Sachautorität* (Sachkompetenz) *Funktionsautorität* (Sozialkompetenz) *Vorgehen* *Eingriffe* *Zielvorstellung*	+ (nicht abwählbar) + (Informationsvorsprung) + (Sozialkompetenz) Lernschritte inhaltsorientiert inhaltlich	- (abwählbar) + (Informationsvor-sprung nicht erforderlich) + (Sozialkompetenz erforderlich) Gruppentempo verlaufsorientiert inhaltlich/formal	+ nur nach Geschäfts-ordnung abwählbar - (Sachkompetenz nicht erforderlich) + (Sozialkompetenz erforderlich) Geschäftsordnung verlaufsorientiert inhaltlich/formal	- (ohne Leiter = Leiterautorität wird in jeder Form verweigert; bzw. Funktionsautorität - (partiell genutzt) keine ungeordnet inhaltlich (einseitig)
4. Teilnehmer-Rolle	*Einstellung* *Verhalten* *Zielvorstellung*	Abhängige (Schüler) leiterorientiert lernen = alle sollen das Gleiche wissen = "Lernziel" erreichen = Scheinkonsens (unfrei)	Partner partner- und sachorientiert gemeinsam Lösungen suchen = alle sollen mehr von der Sache wis-sen = Konsens nicht er-forderlich (offen)	Gegner streitfallorientiert entscheiden = ratio-nale Konfliktlösung = eine der Konkurrie-renden Lösungen setzt sich durch (praktikab-bel) = Konsens (frei) oder Abstimmung (formal)	Feinde feindorientiert Recht behalten = die eigene Meinung (Partei) um jeden Preis durch-setzen, ohne Kon-sensversuch (Zwangskonsens)
5. Gefahren		Scheingespräch = asymmetrisch; Fragerecht und Be-wertungsrecht beim "Lehrergespräch"; bei "Situationsmächtigen" (Entscheidungsgewalt); bzw. auf Frage und Antwort verteilter (Lehr-) Vortrag	bei Leistungsdruck eines zielorientierten Leiters = verkapptes "Lehrgespräch"; bei nicht-gruppenorientier-ten Teilnehmerverhal-ten Umschlagen in Streitgespräch	bei zunehmender Emotionalisierung und Entschichtung des Streitens (Verselb-ständigung des For-malverfahrens) = Umschlagen in Kampfgespräch	bei gesteigerter Emo-tionalisierung und/oder Personalisierung statt Kommunikation brachiale Interaktion

bracht wurde" (ebd. : 102). Im Ergebnis sollen "alle mehr von der Sache wissen, keineswegs alle das gleiche. Der Prozeß bleibt offen" (ebd. : 103). Dabei gilt: "Der klärende Prozeß ist oft wichtiger als der geklärte Inhalt. Im Unterschied zum ergebnisorientierten Konkurrenzverhalten, wird im Klären problemorientiertes Kooperationsverhalten erfahren" (ebd. : 103).

Strittig wird "in gesellschaftlichen Handlungszusammenhängen etwas, wenn verschiedene Subjekte/Gruppen über eine Sache unterschiedliche Meinung haben. Hat einer der Meinungsgegner 'das Sagen', ist er der sozial Mächtige, dann beendet er (meistens) den Streit (zu seinen Gunsten) durch sein 'Machtwort'. Versuchen die Meinungsgegner (Opponenten) dagegen, die Meinungsverschiedenheiten zu überwinden, ohne ihre Macht (strukturelle Gewalt) zu gebrauchen, dann beginnen sie ein 'Streitgespräch', d.h. sie fangen an, begründend oder rechtfertigend miteinander zu 'streiten'. Sie streiten über das "Strittige", die Streitsache oder Streitfrage für die es einen Streitgrund gibt ...; allerdings ist (oft) mit der Streitsache bereits die Streitfrage thematisiert und der Rahmen gegeben, das 'Streitfeld' abgesteckt... Wenn Partner erkannt haben, daß sie an einem 'Punkt' Meinungsgegner sind, dann können sie entweder ergründen, warum das so ist, oder begründen, wie es ihrer Meinung nach geändert werden kann. Ob 'ergründen' oder 'begründen', in jedem Fall heißt streiten 'mit Gründen streiten' oder 'argumentieren' " (Geißner, 1982 : 118f.).

Ein 'rationaler' Streitprozeß setzt wechselseitige Überzeugungsfähigkeit und Überzeugungsbereitschaft der Beteiligten voraus (Geißner, 1981 :161f).

Zum Scheingespräch: "In einer institutionalisierten Hierarchie ist der Kommunikationsprozeß verzerrt. Es gibt kein chancengleiches Fragen und Antworten, keine Symmetrie. Entweder kommt es nur zu Einzeläußerungen, die nacheinander abgegeben werden und von der Leitung kommentarlos zur Kenntnis genommen werden, oder jede der Einzeläußerungen wird vom Leiter abgerufen und gewertet" (Geißner, 1975/1: 65).

"Die Kombination von 'Allmacht', von alleiniger Entscheidungsbefugnis und dem Anspruch des 'Alleswissens' macht den autoritären Führungsstil in der konkreten Situation unerträglich; langfristig aber ist er unangemessen, weil er das Wissen, die Erfahrung und das Können der anderen nicht zur Geltung kommen läßt" (Geißner, 1975/1 : 65).

Situationen "verzerrter Kommunikation" stehen Klärungsgesprächen und am Überzeugen ausgerichteten Streitprozessen entgegen. Verzerrte Kommunikation ist durch asymmetrische Verhältnisse gekennzeichnet: 1. Dort, wo dem Fragerecht die Antwortpflicht gegenübersteht (Bsp. Schule, Verhör, Interview), stehen sich nicht gleichwertige Partner gegenüber. "Institutionalisiertes Frage verbietet letztlich Widerspruch". 2. Dort, wo dem Antwortrecht die Zuhörpflicht gegenübersteht. "Autoritärer Spruch verbietet letztlich Widerspruch" (Geißner, 1975/1 : 61). Als grundlegende Voraussetzungen sind "Fragebereitschaft" und Verständigungswille für das klärende Gespräch unerläßlich (ebd.). Im Ziel "symmetrischer Kommunikation", wie in den siebziger Jahren formuliert, war bereits damals schon eingeschlossen, was Geißner später bestimmt als "Gesprächsfähigkeit und Gesprächsverstehensfähigkeit" (Geißner 1982 : 98, 1993/3 : 1).

Autoritärer Führungsstil stellt den Prototyp 'angewandter Gesprächasymmetrie' dar. Kennzeichen und Auswirkungen dieses Führungsstils sind für den schulischen Bereich (Schlagwort 'Frontalunterricht') ausführlich beschrieben (und werden in dieser Arbeit - Kapitel 3 - berücksichtigt). Zur Behebung der negativen Folgen autoritären Führungsstils - als Prototyp angewandter 'Gesprächs-Asymmetrie' - kann als erster Schritt eine veränderte Sitzordnung gelten, als zweiter die Delegation der Gesprächsleitung und Gesprächsraum für Beiträge von 'Sachverständigen'.

Diese formalen Änderungen bedingen nicht die Änderung der Entscheidungsbefugnis- oder -vollmacht (Geißner, 1975/1 : 66). Trotzdem kann die Veränderung zu einem solchen Verhalten auf Widerstände stoßen. Da nämlich die Sätze gelten, "Soziale Rollen sind im kommunikativen Vollzug Sprechrollen" und "Es gibt kein rollenloses Sprechen" (Geißner, 1975/1 : 68), werden ebenfalls bestimmte Erwartungen an das Gesprächsverhalten einer Leiterrolle gerichtet.

Werden gewisse Rollenerwartungen, die an eine Führungsposition geknüpft sind, nicht erfüllt, entwickeln sich Dissonanzen. Es entsteht die Gefahr, daß die Personen in den 'nachrangigen' Rollen 'durchdrehen', weil sie mit den neuen Freiheiten nicht umgehen können, oder die 'ranghöheren' und auch die 'ranggleichen' Rollen sehen das ganze System durch die veränderte Rollenwahrnehmung bedroht. Folglich muß die Person in der Leiterrolle bestimmte Voraussetzungen besitzen, die Fähigkeit zur Rollendistanz und Konfliktfähigkeit, um 'neues' Gesprächsverhalten zu praktizieren. Entsprechend fordert Geißner von der Person in der Leiterrolle: Er/sie soll " sich nicht bedingungslos an die jeweilige Rollenerwartung anpassen. Das heißt, sich allmählich von solchen Rollenerwartungen zu lösen, zu distanzieren, die als veraltet, als unsinnig, als unmenschlich durchschaut wurden", und " zur Gesprächsfähigkeit gehört unbedingt auch Konfliktfähigkeit" (Geißner, 1975/1 : 68f).

Das Klärungsgespräch bietet den unübersehbaren Vorteil, daß mit der "Chancengleichheit auf der Basis gleicher Interessen und gleicher Verantwortung" die Motivation und der "Einsatz für ein gemeinsames Handlungsziel" wächst (ebd. : 69). Es läßt aber auch die Erkenntnis zu, daß ein Zusammenwirken von Menschen in einer Gruppe oder einer anderen Sozialität in einer bestimmten Situation auf Grund von Meinungs- und/oder Interessenverschiedenheiten nicht möglich ist. Oder aber es führt zu der Einsicht, daß bei der Notwendigkeit einer Entscheidung die betroffenen Menschen in einen argumentativen Streitprozeß eintreten müssen, wobei die unterschiedlichen Lösungswege eines gemeinsamen Problems so rational wie möglich diskutiert werden sollen (Vgl. ebd.).

Die Bedingungen zu einer angemessenen Form der Konfliktaustragung können allerdings nur in Klärungsgesprächen geschaffen werden, die die sachlichen Voraussetzungen zu einem argumentativen Streitprozeß herstellen können. Entsprechende Fähigkeiten werden im Laufe der Sozialisation erworben oder nicht erworben. Weil den Schülerinnen und Schülern zumeist gerade die Fähigkeiten sachlicher Auseinandersetzung - aus welchen Gründen auch immer (siehe Kapitel 1) - fehlen, bedarf es der Vermittlung entsprechender Qualifikationen in Schule und Unterricht.

3. Möglichkeiten von Gespräch und Gesprächserziehung in Schule und Unterricht

3.1. Gesprächserziehung und Unterrichtsgepräche: Ein Wechselverhältnis

'Gesprächserziehung' heißt einer der Lernbereiche des Deutschunterrichts in der Orientierungsstufe in Rheinland - Pfalz (Lehrplan Orientierungsstufe, 1988 : 7f). Auch im Deutschunterricht in den Klassenstufen 7 bis 9/10 zählt die Förderung der Gesprächsbereitschaft und der Gesprächsfähigkeit zu den "allgemeinen Zielen" des Deutschunterrichts, die als solche besonders hervorgehoben werden (Lehrplan Klassen 7 - 9/10, 1984 : 7).

Das Fach Deutsch erscheint so als der 'natürliche' Ort des Gesprächs. Wenn allerdings weiter Geltung besitzt, was der Lehrplanentwurf für die Orientierungsstufe in Rheinland - Pfalz noch ausdrückte, daß "Gesprächserziehung angewiesen (ist) auf das Vorbild und Verhalten des Lehrers "(Lehrplan Orientierungsstufe, 1979 : 18), dann findet Gesprächserziehung generell und überall im Unterricht statt, völlig unabhängig vom Fach, in dem unterrichtet wird.

Das 'vorbildliche' kommunikative Handeln des Lehrers/der Lehrerin wirkt sich immer aus, ob intendiert oder unbeabsichtigt. Das Gesprächsverhalten des Lehrers/der Lehrerin beeindruckt Schülerinnen und Schüler gerade auch dann, wenn es nicht mehr 'musterhaft' ist. Alle Kommunikationsformen im Unterricht und in der Schule beeinflussen folglich die Gesprächsmuster und die Gesprächsfähigkeit der Schüler und Schülerinnen.

Also läßt sich schlußfolgern: Jedes Unterrichtsgespräch ist - unabhängig von seinen Inhalten und Zielen - Gesprächserziehung.

So sind Ziele rhetorischer Kommunikation - "Wissen vermitteln (informieren), Wissen gliedern (strukturieren), Meinung bilden, Meinung wandeln, Handlung auslösen" (Geißner, 1977 : 298) - gültig für allen Unterricht. Die Schule als Sozialisationsagent vermittelt damit nicht allein reines Wissen, sondern auch Normen, Denkgewohnheiten und Handlungsweisen. (Geißner, 1977 : 298f).

Wenn Geißner "Unterricht in rhetorischer Kommunikation" und "Rhetorische Kommunikation im Unterricht" (Geißner, 1977 : 298) unterscheidet, dann ist diese Verflechtung intendierten und nichtintendierten kommunikativen Lernens keineswegs ausgeblendet. Vielmehr weist diese Differenzierung daraufhin, daß die Folgerungen aus der Theorie des Gesprächs bzw. aus der Theorie der mündlichen Kommunikation nicht auf den Deutschunterricht beschränkt werden können, sondern Geltung für jeden Unterricht allgemein haben.

Insofern sollte sich rhetorische Forschung und Kritik nicht allein um 'Gesprächserziehung' im Rahmen von Deutschlehrplänen und Deutschdidaktiken bemühen, sondern sich ebenfalls den Bereichen allgemeiner und spezifischer Didaktiken zuwenden, um die dort dargelegten Formen der Unterrichtsgespräche zu untersuchen.

Sprecherzieher mögen darum gesprächserzieherische Beiträge aus ihrer Perspektive vermissen. Es fehlen hier auch jene bedeutenden Ansätze, die eine kritische Würdigung sicherlich verdient hätten (z.B.: Rhetorische Kommunikation in Praxis Deutsch, Heft 33/1979; Bartsch (Hrsg.), 1982; Berthold/Naumann (Hrsg.), 1984; Berthold, 1986: Berthold, 1993).

Nicht berücksichtigt wurden besondere Probleme der 'Unterrichtskommunikation' (Slembek, 1984, U. Geißner, 1985), Rollenspiele für den Unterricht (Berthold/Pabst, 1981) ebensowenig wie "Sprechspiele" für Lern- und Kommunikationssituationen, die zwar "Interaktionsmöglichkeiten" (Behme, 1985 : 23) bieten, über deren 'gesprächsrhetorischen Effekt' sich streiten läßt, die aber vor allem nicht - klärende Formen des Unterrichtsgesprächs darstellen und darum hier nicht einbezogen werden.

Da Gespräche als Mittel mindestens ebenso sehr erziehen wie gesprächserzieherische Maßnahmen mit Zielintention, stellt diese Arbeit die Unterrichtsgespräche als Formen der Gesprächserziehung, wohl auch nicht ganz unberechtigt, in den Vordergrund.

18

3.2. Die Bedeutung der Institution Schule für die Gesprächserziehung

Auch für die Kommunikationsituationen in Unterricht und Schule soll hier einbezogen werden, was aus sprechwissenschaftlicher Sicht für alle Kommunikationssituationen wirksam ist, daß man "zugleich die Partner, deren sprachliche und sprecherische Fähigkeiten berücksichtigen (muß) - oder eine Analyse der Kommunikationsziele, deren Abhängigkeit von den sprachlichen und sprecherischen Fähigkeiten der Partner in einem situativen Kontext" vornehmen muß (Vgl. Geißner H.und U.,1974. : 166). Damit geraten die mit der besonderen Situation der "Institution Schule" verbundenen Rahmenbedingungen des Unterrichts ins Augenmerk.

Die Schulpflicht zwingt die Schülerinnen und Schüler zur physischen Anwesenheit (Vgl. z.B. §44 SchulG Rhl.-Pf.) und darüber hinaus haben sie eine rechtliche Verpflichtung zur Mitarbeit im Unterricht (§52 Abs.1 SchulG Rhl. - Pf.) und zur Unterrichtsvorbereitung, "zum aktiven Einsatz seiner Fähigkeiten und seines (des Schülers, Anm. des Verf.) Willens zum Inhalt" (Vgl. §33 Abs. 2 BayASchO). Das Schulrecht verleiht der Schule die rechtlichen Mittel, um die Erfüllung dieser Verpflichtung zu erzwingen - Erziehungsmaßnahmen und Ordnungsmaßnahmen.

Hinzu kommt ein weiteres Disziplinierungsinstrument wie Leistungsmessung, das den Schülerinnen und Schülern die ihnen oft gar nicht bewußte Anerkennung des Leistungsprinzips durch die konkrete Anwendung aufzwingt.

Diese Mittel von Verhaltenskontrolle und - steuerung werden aber ebenso oft nur solange von den Betroffenen anerkannt, wie jene sich durch schulischen Erfolg eine persönliche Zukunft ausrechnen oder Bestätigung in ihrem familiären Umfeld erhoffen können, sofern die primäre Sozialisationsinstanz überhaupt noch funktioniert. Gleiches gilt für die Wirksamkeit von Erziehungs- und Ordnungsmaßnahmen. Fremdbestimmung drückt sich in Schulen nicht nur aus durch den themenbestimmenden Lehrplan, sondern auch durch Unterrichtsmethoden, die oft den Schülerinnen und Schülern die Möglichkeit zur

Mitbestimmung im schulischen Alltag und im Unterricht entziehen.

Geschlossene, lehrerzentrierte Unterrichtsformen erfuhren bereits in den siebziger Jahren Kritik: - "nahezu sämtliche Aktivitäten (werden) von einer Person im voraus festgelegt, und zwar in einer Form, die jede Abweichung als potentielle Bedrohung für einen störungsfreien Lernverlauf betrachten muß" (Ramseger, 1977 : 14). Nur mit "Disziplindruck" lasse sich ein solcher Unterricht, oft gegen massive Widerstände auf seiten der Schüler, durchziehen, bemerkt Ramseger (ebd.,12).

"Das Interaktionsfeld Schule ist zugleich ein Feld institutionalisierter Sprechsituationen, rollengeprägter Partnerbeziehungen und organisierter Kommunikationsziele", heißt es 1974 bei Geißner (Geißner, H.u.U., 1974 : 166). Schüler'orientierte', schüler'zentrierte' Ansätze sahen bereits Ende der sechziger und Anfang der siebziger Jahren eine Alternative auch in der Veränderung der Kommunikationsbeziehungen in der Schule (Zur Diskussion der siebziger Jahre empfiehlt sich Kunert, 1978).

Gefordert wurde bereits damals in Anschluß an Tausch (Tausch, 1971) die Praxis eines sozialintegrativen oder demokratischen Interaktionsstils zwischen Lehrern und Schülern (Scheel, 1978 : 19). Mit den Elementen offenen Unterrichts (Stuhlkreis, Freie Arbeit, Wochenplan, Projekte usw.) werden auch Unterrichtsformen entwickelt, die gesprächserzieherische Impulse geben können (Vgl. Wallrabenstein, 1992 : 93f). Inwieweit sie den institutionellen Rahmen von Schule und Unterricht mit "Fragerecht" einerseits und "Antwortpflicht" andererseits (Geißner, 1975/1 : 60) durchbrechen können, bleibt von der Kompetenz der Lehrenden abhängig.

Das Ziel "Kritische Mündigkeit" verpflichtet die Lehrenden, die kommunikativen Freiräume in der Unterrichtspraxis zu erweitern. "Das hängt in entscheidender Weise ab von der Art des Miteinandersprechens" (Geißner, H.u.U., 1974 : 167). Im Unterricht sollen an die Stelle von lehrerzentrierten "Scheingesprächen" schülerorientierte "Klärungsgespräche" treten. Diese Forderung trifft in erster Linie den Lehrenden, die Gesprächsleiterin. Er/sie hat nicht nur Sachkompetenz einzubringen, sondern auch "Sozialkompetenz", wenn er/sie den

Zwangscharakter der institutionalisierten Sprechsituation aufheben und aus ihr eine kommunikative machen will (ebd. : 169).

Sozialkompetenz meint letztlich Gesprächsfähigkeit (ebd. : 170) und Gesprächsverstehensfähigkeit. Auch für den Lebensbereich 'Schule', können Gesprächs- und Gesprächsverstehensfähigkeit aller Beteiligten verbessert und die für ein Klärungsgespräch nötigen Voraussetzungen geschaffen werden.

Willensbildung, Entscheidungsfindung und Entscheidungsdurchführung sind Ziele und Inhalte rhetorischer Prozesse. Rhetorische Kommunikation strebt praktisches Handeln geradezu an. Wo gesellschaftliche Möglichkeiten der Mitbestimmung gegeben sind, werden Gespräche als Voraussetzung praktischen Handelns dringend 'benötigt'.

In Gesprächen nämlich werden die oft unterschiedlichen Interessen der Menschen aktiviert, die stets vorhanden sind, wenn es um gesellschaftliche, politische oder den Beruf und Alltag tangierende Konsequenzen von Willenbildungs - und Entscheidungsprozessen geht. In Gesprächen können diese unterschiedlichen Interessen -gewaltfrei- zusammengeführt werden, so daß potentiellen Meinungsgegnern die unterschiedliche Interessen- und Bedürfnislage der jeweils 'anderen Seite' überhaupt erst bewußt wird.

Um gleichberechtigt und ohne Nachteile an diesen "Problemlösungs-verfahren" (Zum Begriff und zum Problem - vgl. Dieckmann, 1981 : 161f) mitwirken zu können, müssen die 'Aktanten' gesprächsfähig - auch im Sinne der Beherrschung aller Gesprächsformen - sein, womit ihre Konfliktfähigkeit eingeschlossen ist, damit Formen "inszenierter Diskussion oder Pseudodiskussion" (Vgl. Dieckmann, 1981 : 177) ausgeschlossen werden können. Folglich müssen sich Gesprächserziehung im Deutschunterricht und alle anderen unterrichtlichen Formen des Gesprächs daraufhin analysieren lassen, ob sie alle nötigen Gesprächsformen berücksichtigen, nämlich: Klären und Streiten.

Darum gilt es zu fragen, wie es im Unterricht um die Entwicklung von Gesprächs - und Gesprächsverstehensfähigkeit bestellt ist. Finden dort Prozesse des Klärens, Streitens und Entscheidens gerade eben als

Voraussetzung zukünftiger gesellschaftlicher Entwicklung statt?

Unterricht ist seiner Struktur nach vor allem Klärungsgespräch, wie oben schon gezeigt wurde. Klären ist, wie ebenfalls dargestellt, auch Voraussetzung zum Streiten. Wenn genügend geklärt wurde, dann ist das Streiten mit Argumenten - als Überzeugungsprozeß - einfacher. Die Streitgegner wissen nach dem Klären nicht nur mehr über die Sache, sondern auch mehr über die Interessen, Bedürfnisse und Wünsche ihrer Kontrahenten und können diese Erfahrung argumentierend berücksichtigen. Im kollektiven Prozeß der Entscheidungsfindung ist letztlich der Streit der Argumente und dessen Bewertung im Abwägen der Argumente unvermeidlich.

Nur, können Schülerinnen bis zur Sekundarstufe II selbständig "klärend", "streitend" und "bewertend" zu einer Entscheidung kommen? Sicherlich ist die Gesprächsform des Streitens, von Dieckmann als "Diskussion" begriffen, "als entscheidungsrelevanter Dialog sinnvoll innerhalb von Gruppen des Lernens, Arbeitens und politischen Handelns im Sinne einer kooperativen Kommunikationsform" (Dieckmann, 1981 : 185). Es ist dennoch zu überlegen, ob auf schulischer Ebene im Bereich der Primar- und Sekundarstufe I zunächst nicht das Klärungsgespräch, als Gespräch zur Erkundung von Sachverhalten und Meinungen, dem Streitgespräch schwerpunktmäßig vorausgeht?

Langfristig gesehen sollen Schülerinnen und Schüler an anderen Meinungen und Haltungen teilhaben, um die eigene Meinung und Haltung zu Sachverhalten zu klären. Damit gewinnen sie die personellen, sozialen und psychoemotionalen Kenntnisse und Fähigkeiten, die benötigt werden, um später Auseinandersetzungen als argumentative Streitprozesse sinnvoll zu führen, und die nach Klärung des Streitprozesses zu vernünftigen Entscheidungen befähigen.

Darum sollen in dieser Untersuchung nicht Formen des Streitens im Unterricht untersucht werden. Weil Klären dem Streiten sachlich betrachtet vorausgeht, und weil im Klären die personellen Voraussetzungen zu rationalen Streitgesprächen erworben werden, beschränkt sich diese Arbeit auf die Untersuchung von Ansätzen zum Unterrichtsgespräch nach Gesichtspunkten klärender Gespräche.

3.3. Gesprächsfähigkeit der Lehrenden und ihre Bedeutung an der Institution Schule

Geißner definiert Gespräch als eine "absichtliche (intentionale) gemeinschaftliche Kommunikationshandlung" (Geißner, 1977:295). Diese Bestimmung hat Konsequenzen für den Unterricht: Denn wenn ein Kommunikationsprozeß nur gelingt, wenn beide Kommunikationspartner an ihm teilnehmen, d.h. "eine Sache zu einer gemeinsamen machen", und jeder Schulunterricht "als eindeutig zielorientiertes Verhalten ein Akt rhetorischer Kommunikation" (Pawlowski, zit.n. Geißner, 1977:298) ist, heißt dies, daß Unterricht, der den größtmöglichen Lernerfolg erzielen will, nicht umhinkommt, diese Tatsache in seiner Planung und Durchführung zu berücksichtigen. Weil im Unterricht der Sachbezug im Vordergrund steht, erscheinen die Sachgespräche in diesem Zusammenhang von besonderem Interesse.

Die Erfüllung der Voraussetzungen, die Grundlagen von Klärungsgesprächen sind, ist von der Gesprächsbereitschaft des Lehrers in erster Linie abhängig.

Als eines der Hauptprobleme wird die "institutionelle Beziehungsfalle" gesehen: "Ein Lehrer kann von sich aus sicher Angebote symmetrischer Kommunikation machen, die institutionelle Ordnung der Schule und des Schulsystems wird die Schüler aber recht eindeutig in eine Position der Abhängigkeit, des Ausgeliefertseins bringen" (Bönsch, 1991:41). Angesichts des von Bönsch referierten, wahrscheinlich auch nicht aufhebbaren Widerspruchs verbleibt einer kommunikativen Didaktik wie der 'Gesprächserziehung' nichts anderes, als sich mit dieser Rahmenbedingung intrainstitutionell auseinanderzusetzen.

In der schulischen Praxis verlangt das vom Lehrenden, sich von der Leiterrolle distanzieren zu können und den Gesprächsteilnehmern, den Schülern, ein höheres Maß an Selbstbestimmung zu gestatten, d.h. Offenheit im Gesprächsverlauf, Partner - und Sachorientierung der Teilnehmer. Ist der Lehrende zur Rollendistanz fähig, so wird er gesprächsfähig (Geißner, H.u.U., 1974:170).

Sofern also die Gesprächsfähigkeit des Lehrenden die Gesprächsfähigkeit der Lernenden ermöglicht, kann von einem Unterrichtsgespräch, das symmetrisch ist, gesprochen werden. Vom Lehrenden wird verlangt:

- "sein eigenes Gesprächs - und Redeverhalten" kennenzulernen;
- "es (zu beobachten und) auf seine Bedingungen hin analysieren" zu können;
- "es an einer Theorie (überprüfen)";
- "es mit geeignetem Übungsverfahren (zunächst für sich, dann für seine Schüler" zu ändern, denn
- "nur auf diese Weise sind Gesprächs- und Redefähigkeit kritisch zu unterrichten" (Geißner, 1977 : 299f).

Der/die Lehrende der/die seine/ihre eigenen Schwierigkeiten überwunden hat, steht dann vor der schwierigen Aufgabe, die lehrerorientierten Schüler an die neue Kommunikationssituation zu gewöhnen. Deshalb sei hier kurz ein Handlungskatalog aufgeführt:
Der/die Lehrende soll den Schülern zumindest Mitbestimmung bei der Themenauswahl bieten (Geißner, H.u.U., 1974 : 171).
Er/sie soll "auch die äußeren Merkmale der Gruppengleichheit übernehmen: keinerlei Leitungsfunktionen, weder Gesprächsleiter noch Berichterstatter" (ebd.). Es braucht hier nicht hervorgehoben zu werden, daß es sich bei diesem Lernvorgang um einen langwierigen Prozeß handelt, der bereits in der Primarstufe beginnen sollte (ebd.: 172). Institutionelle Barrieren sind im Endeffekt Sprechbarrieren, die unabhängig von der Kommunikationssituation in der Schule weiterexistieren. "Sprechbarrieren ... sind nicht nur solche der physischen und psychischen 'Defekte', sondern eben auch solche der situativen (personalen und sozialen) Ausdrucksfähigkeit. Ganz abgesehen davon, daß auch die Sprachbarrieren im kommunikativen Vollzug zumeist Sprechbarrieren sind" (ebd.174f). Dabei sind Störfaktoren nicht ausschließlich auf der Seite der Schüler zu suchen, obwohl der Lehrer Kommunikationsfähigkeiten seiner Schüler kennen sollte. Vielmehr sollte der/die Lehrende sein/ihr eigenes Sprechen gleichfalls als mögliches 'Verstehenshindernis' begreifen (Vgl. ebd.174f).

3.4. Die Bedeutung des Gesprächs in Schule und Unterricht aus Sicht von Unterrichtsphilosophien

Gesprächserziehung ist nicht allein Aufgabe des Deutschunterrichts, sie ist Unterrichtsprinzip. Aller Unterricht beeinflußt die Ausbildung kommunikativer Fähigkeiten. Wichtig ist deshalb die Einbeziehung der Kommunikationshaltung der Lehrenden. Sind Lehrende fähig, werden sie befähigt, die asymmetrische Schulsituation umzuarbeiten in eine offene, symmetrische Unterrichtssituation? Inwieweit leiten Didaktiken die Lehrenden zu einer solchen Tätigkeit an?

Darum soll an dieser Stelle eine didaktische Standortbestimmung stattfinden. In den letzten 20 Jahren hat in der didaktischen und pädagogischen Diskussion eine Entwicklung stattgefunden - weg von einem lernzielorientierten, 'wissenschaftlichen', hin zu einem 'offenen', 'schülerorientierten' Unterricht.

Für alle Formen von Lehr - Lernprozessen gilt, daß sie eine Lernabsicht verfolgen. Die in den 70er Jahren vorherrschende Ansicht spiegelt auch entgegen anderer allgemeiner Lern - Definitionen ("Lernen ist der Prozeß, durch den Verhalten aufgrund von Interaktion mit der Umwelt oder Reaktionen auf die Situation relativ dauerhaft entsteht oder verändert wird, wobei auszuschließen ist, daß diese Änderungen durch angeborene Reaktionsweisen, Reifungsvorgänge oder vorübergehende Zustände des Organismus (Ermüdung, Rausch o.a.) bedingt sind" (Skowronek, 1969 : 9ff)), in folgender Bestimmung wider: Im Unterricht intendiertes Lernen sei "absichtsvoll und planmäßig gelenkt, sowohl in seiner inhaltlichen Ausrichtung, sowohl hinsichtlich der (formalen) Bedingungen, die der Lehrende zu Ermöglichung und Erleichterung des Lernprozesses bereitstellt" (Eigler, 1975 : 27). Beim Lehren in der Schule geht es vornehmlich darum, die intendierten Lernziele "schneller", "lückenloser", "sicherer" und "ökonomischer" zu erreichen, "als das bloße Miterleben in Natur und Gesellschaft dies gestatten würde" (Schulz, 1969 : 28). Unter solchen Bedingungen muß der/die Lehrende alles tun, um eine für das Lernen entsprechende Situation zu schaffen: "... der Lehrende hat durch Maßnahmen zur Realisierung der externen Bedingungen des Lernens jeweils eine solche Lernsituation zu schaffen, die es dem Lernenden ermöglicht, ein Lernziel zu erfassen, anzugehen und zu erreichen" (Eigler, 1975 : 36f). Insbesondere die Vertreter der Lerntheorien schickten sich an, Handwerkszeug zu liefern, Schüler zu konditionieren, ohne den Sinn der offenen und heimlichen Lernziele zu reflektieren. Unterricht erschöpft sich so in der "Kontrolle der äußeren Vorgänge der Lernsituation" (Gagne, 1975 : 238).

Ein derart keimfrei dargebotener Lehr-Lernprozeß erfordert zur Vermeidung von Störungen und zur Erreichung eines reibungslosen und wirkungsvollen Ablaufs die Reglementierung bis ins kleinste. So stellt sich Gagne unter Unterricht folgendes vor: "Man kann Unterricht aus einer Gruppe von unterschiedlichen Vorgängen zusammengesetzt auffassen, von denen jeder seine Wirkung auf den Lernenden hat. Sie binden seine Aufmerksamkeit, sie liefern ihm Information und Rückmeldung, sie bieten die wesentlichen Reize für das Lernen dar, sie regen seine Erinnerung an, sie stellen sicher, daß er das Erlernte praktiziert. Als ein Gesamtablauf von Vorgängen beginnen sie in der Regel wenige Minuten vor dem tatsächlichen Lernakt und enden einige Zeit danach. Ihre allgemeine Funktion ist sicherzustellen, daß zeitliche Abstimmung und Abfolge der inneren Vorgänge im Lernenden dem Lernakt angepaßt und auch für Behalten und Transferierbarkeit des Gelernten förderlich ist" (Gagne, 1975 : 239).

Dieser 'programmierte' Unterricht impliziert eine straffe Steuerung durch die 'Lehrperson'. Deren kommunikative Tätigkeiten umreißt Gagne in einem Verhaltenskatalog: "Aufmerksamkeit ... erregen und ... steuern", ein "Modell der erwarteten Lernergebnisse darstellen", Lernreize geben und Lernleistungen erfassen (Gagne, 1975 : 270).

Die Lehrerdominanz in Kommunikationshäufigkeit zielt auf eine inhaltliche Lenkung und zwingt den Schüler in eine rezeptive, bestenfalls reproduktive Tätigkeit. Die inhaltliche und kommunikative Tätigkeit korrespondiert mit der Orientierung der Schüler auf den Leiter. Unter dem Leistungsdruck der Erreichung der gesteckten Lernziele gerät dieser Unterricht zwangsläufig zu einem - wie es Geißner nennt - 'verkappten Lehrvortrag' (Geißner, 1975/1 : 63).

Die Reglementierung des Unterrichtsverlaufs macht Frage - und Antwortrolle nicht tauschbar und stärkt die 'Machtposition' des Lehrers (Geißner, 1975/1 : 60), also ist die Kommunikationssituation asymmetrisch. Diese Art des Unterricht bildet bei den Schülern angepaßte Verhaltensweisen aus, bewirkt "systemkonformes Handeln" (Geißner, 1977 : 299).

Übergreifende Lernziele wie "kritische Mündigkeit" können durch dieses Lehrverfahren nicht realisiert werden, denn: "mit der Entscheidung über das Lehrverfahren (...) und die es realisierenden Formen der Lehreraktivität, Sozialformen des Lernens und Medien ist immer auch eine - implizite oder explizite - Entscheidung hinsichtlich übergreifender Lernziele gefallen" (Eigler, 1975 : 44). Dieser Unterricht, meist auch äußerlich in Form der frontalen Sitzordnung auf den Lehrenden ausgerichtet, wurde bereits damals heftig kritisiert.

Tausch stellte in einer Untersuchung fest, daß sich Lehrer in 94% aller Konfliktsituationen vorwiegend autokratisch verhalten, d.h. die Äußerungen der Lehrer nicht reversibel seien (Tausch, 1968 : 72). "Die unmittelbaren Auswirkungen der in der Schule realisierten Interaktion und des Sozialklimas" beschreibt er wie folgt:

- häufig rezeptives und reaktives Verhalten der Schüler,

- geringe Arbeitsmotivation und geringe Initiative,

- geringe Sprachkommunikation der Schüler und damit zusammenhängend Erschwerung von Denkvorgängen,

- seltene Gelegenheit zu origineller, individueller Problemlösung,

- größeres Ausmaß innerer Spannungen bei Schülern durch häufige Lenkung und geringes spontanes Verhalten,

- Frustrationssituationen,

- strikte Abhängigkeit von der Art des Lehrerverhaltens,

- lehrerzentriertes statt sachzentriertes Problemdenken,

- geringe soziale Interaktion der Schüler untereinander, geringes Gruppenleben und seltene Gruppenentscheidungen,

- geringere Leistungen der Schüler,

- submissives Verhalten oder Tendenz zu Widerstand und Opposition (Tausch, 1968 : 73).

Diese Nachteile ergeben sich in einem Unterricht, der eher dem darstellenden Lehrverfahren oder dem fragend - entwickelnden Lehrverfahren zuzuordnen wäre.

Gegen diese Formen des erarbeitenden Unterrichts wurde dann Anfang der achtziger Jahre auch das "Rezept des Informierenden Unterrichtseinstiegs" (Grell, 1983 : 134 ff) gesetzt, das den Informationsvorsprung der Lehrenden in der Sache zu reduzieren versucht. Ziele und Arbeitsschritte werden den Schülerinnen und Schülern im voraus mitgeteilt, so daß unter Umständen die Möglichkeit von Gesprächen über die Verwirklichung der Ziele gegeben ist (Vgl. Grell, 1983, : 160f).

Folglich müssen "Unterrichtsdialoge" nicht "prinzipiell asymmetrische Dialoge" sein, sondern sie lassen "partielle Rangangleichung" zu, "wenn sie der Lehrer gestattet", wie Pfaff in einer dialoganalytischen Untersuchung aus dem Jahr 1983 meint. (Pfaff, 1983 : 41).

Versuche, die "partielle Rangangleichung" zu realisieren, fanden dann bereits in den siebziger Jahren unter dem Schlagwort der Schülerorientierung statt, so daß Meyer schon 1980 von einem "schillernde(n) und seit kurzem leider auch modisch gewordene(n) Begriff" spricht (Meyer, 1980 : 173).

Eigler stellte zwei konträre Lehrverfahren vor:

"1. das expositorische oder darstellende Lehren.

Bei diesem Lehrverfahren entwickelt der Lehrer ein Problem, stellt er einen Sachverhalt dar. Das Ziel der Bemühungen ist, im Lernenden ein möglichst umfassendes, in sich stimmiges und miteinander verknüpftes Wissen aufzubauen;

Als geeigneter Weg zu diesem Ziel werden das Darstellen und Erklären durch den Lehrer und das Nachvollziehen und Durcharbeiten des Gedankenganges durch den Lernenden angesehen;

2. das entdecken-lassende Lehren

Bei diesem Lehrverfahren soll der Sachverhalt möglichst selbständig durch den Lernenden entdeckt werden. Das Ziel ist auch hier, ein gesichertes Wissen im Lernenden aufzubauen, gleichzeitig aber auch die Fähigkeit, möglichst selbständig an Probleme heranzugehen und sie zu lösen; dabei wird gerade das selbständige Entdecken und Problemlösen als der geeignete Weg zum Aufbau eines gesicherten und in neuen Situationen auch verfügbaren Wissens angesehen" (Eigler, 1975 : 37).

Ritz - Fröhlich nannte neben den beiden schon beschriebenen Formen noch die "erarbeitende bzw. erarbeiten-lassende Unterrichtsform" (Ritz - Fröhlich, 1977, : 27). In dieser erfolgt das Lernen nach Anweisungen. Es handelt sich um eine "vom Lehrer gesteuerte Anleitung des Schülers zum selbständigen Erarbeiten von Lernbereichen" (ebd). Der Schüler ist nicht nur reproduktiv, sondern auch produktiv tätig (ebd. : 28).

Das Unterrichtsgespräch, resümierte Ritz - Fröhlich 1977, sei unter dem entdecken-lassenden Unterrichtsverfahren einzuordnen. Im Gespräch "und zwar im konkreten Vollzug (sind) letztlich alle drei Lernformen wechselseitig aufeinander bezogen und ermöglichen dem Schüler ein vielschichtig strukturiertes Lernen", was sie als "gesprächsimmanente Integration der drei Lernweisen" bezeichnet (ebd. : 29).

Eingang in die Ansätze des offenen Unterrichts fanden auch Überlegungen aus Gordons 'Lehrer - Schüler - Konferenz' oder Gedanken aus Cohns 'themenzentrierter Interaktion' (Vgl. Roth, 1979 : 13ff). Neben "Vermittlung" oder "Programmierung" als "Beschreibungen des Lehrens" traten die Formen des "Arrangements" oder des "kommunikativen Lernens" (Vgl. Bönsch, 1981 : 9ff), die den Lernenden in der Rolle als Subjekt ernst nehmen wollen, ihn aktiv werden lassen, Lernen als sozialen Prozeß begreifen und den Lernenden Raum zu eigenen Aktivitäten gewähren (Bönsch, 1981 : 22, Meyer, 1980 : 175f).

In dieser Untersuchung soll herausgefunden werden, welche Ansätze zum Unterrichtsgespräch in ihrer Struktur dem Klärungsgespräch nahekommen und somit einem Beitrag zur Entwicklung der Gesprächsfähigkeit der Schüler leisten.

Die von Lerntheoretikern favorisierten Lehrmodelle, das darstellende und das erarbeitenlassende Unterrichtsverfahren, erscheinen nur eingeschränkt vereinbar mit der Offenheit des Klärungsgesprächs. Daß erfolgreicher Unterricht an eine straffe und 'zentralistische' Methode gebunden ist, war schon früh als Irrtum erkannt. Die von Tausch ermittelten negativen Erscheinungen dieser Unterrichtsspielart haben auch jene Gegentendenzen ausgelöst, die einen offenen Unterricht erstrebten. Tausch forderte "sozialintegrierte Interaktion von Schüler und Lehrer", die Ermöglichung von "Teamarbeit, Gruppenentscheidungen, individuelle Urteilsbildung und Konfrontierung des individuellen Urteils mit den Urteilen anderer, ein Arbeiten ohne wesentlichen Dirigismus durch den Lehrer, größere Individualität, größeres Ausmaß an Sprachkommunikation, Entwicklung von Gruppennormen" (Tausch, 1968 : 78).

Dieser Forderungskatalog setzt - wie auch andere Intentionen des offenen Unterrichts - Gesprächsfähigkeiten der Schüler und Schülerinnen voraus. Darum ist es berechtigt zu fragen, inwieweit Ansätze zum offenen Unterricht in den letzten Jahren ein Konzept des Unterrichtsgesprächs entwickelt haben, und inwieweit dieses dem Klärungsgespräch entspricht.

Friedrich Kainz bezeichnete das Gespräch als "aktivste und vollste Form der Sprechdenkarbeit" (Kainz, 1973 : 342). Bereits Gelesenes wird im Gespräch gewandelt, vom noch "mit einem Rest von Rezeptivität versehenen Prozeß der inneren Aneignung von Gedankengut in einen integral aktiven" (ebd). Der "individuelle Gedankengang" wird im Gespräch aus der "Notwendigkeit einem Gegenüber, wenn einmal der Anfang in der Entwicklung eines Gedankens gewagt ist, zu seiner weiteren Ausführung verpflichtet zu sein", stimuliert (Potthoff : 355).

Auch Hörner (1973) favorisiert ein gleichberechtigtes Lehrer - Schüler - Unterrichtsgespräch (Hörner, 1973 : 84f) überall dort, "wo ein Gegenstand, ein Sachverhalt unter verschiedenen Perspektiven betrachtet werden kann, dort, wo sich verschiedene Aspekte am Gegenstand abheben lassen" (Hörner, 1973 : 86).

Das Klärungsgespräch als Unterrichtsgespräch ist eng verbunden mit der Vorstellung, eines selbständigen Sich - Aneignens und Anwendens von Wissen in der Gemeinschaft anderer. Es entspricht weitgehend den Vorstellungen des offenen, schülerorientierten Unterrichts und es beinhaltet die Orientierung an der Zielvorstellung "Kritische Mündigkeit" eines sprecherzieherisch-sozialpragmatischen Konzepts. Im gleichen Sinne bestätigt auch Bönsch den "Zusammenhang zwischen Merkmalen kommunikativen und offenen Unterrichts" (Bönsch, 1991 : 43).

4. Zum Begriff des Unterrichtsgesprächs

Gesprächstheoretische und - pädagogische Erwägungen und unterrichtspädagogische Überlegungen begründen die Relevanz des Unterrichtsgesprächs für die Gesprächserziehung, für Lehrer/innen und Schüler/innen, für die Gesellschaft - und für diese Arbeit.

Eine Theorie des Unterrichtsgesprächs darf sich nicht beschränken auf die Erstellung von Normen für dessen Durchführung, sondern muß dessen Voraussetzungen insgesamt einbeziehen. Dazu gehört, daß das Vorfeld des Unterrichtsgesprächs in den Gesamtzusammenhang integriert wird, konkret: die Kommunikationsfähigkeiten - und Schwierigkeiten der potentiellen Gesprächsteilnehmer müssen erkannt werden. Dies erfordert letztlich vom Lehrenden die Fähigkeit, die Kommunikationsfähigkeit der Schülerinnen und Schüler zu erkennen. Das impliziert bereits, daß der Lehrende selbst kommunikationsfähig, d.h. gesprächsfähig ist, daß er imstande ist, aus "institutionalisierten Sprechsituationen" kommunikative zu machen. Damit aber greift eine Theorie des Unterrichtsgesprächs notwendigerweise aus in den Bereich der Lehrerausbildung.

Die didaktische und pädagogische Standortbestimmung des Gesprächs im Unterricht ordnet seine Anwendungsfähigkeit aufgrund seiner besonderen Kommunikationsbeziehungen in die Nähe der entdeckenlassenden Unterrichtsform oder des sogenannten offenen Unterrichts und teilt ihm bestimmte Sozialformen zu.

In diesem Rahmen gelang es auch, die Bedeutung des Unterrichtsgesprächs für Lehren und Lernen herauszustellen und nachzuweisen, daß es nicht auf den Deutschunterricht - ob als didaktisches Ziel oder als methodisches Mittel - beschränkt werden darf. Ein Gespräch, das auf symmetrischen Kommunikationsbeziehungen unter den Teilnehmern aufbaut, muß in allen Fächern als Unterrichtsgespräch Anwendung finden, mit dem Ziel, die 'vollste Form' dieser Gesprächsart zu erreichen.

Der Begriff des Unterrichtsgesprächs ist sehr weit gefaßt und subsumiert ganz unterschiedliche Kommunikationsbeziehungen und Kommunikationsprozesse. Darunter paßt ein Unterrichtsgespräch in Form eines Klärungsgesprächs ebenso wie ein Lehrervortrag mit Fragen an die Schüler.

Im Klärungsgespräch sollte der Leiter abwählbar sein, ein Informationsvorsprung des Leiters ist nicht erforderlich. Das Vorgehen richtet sich nach dem Gruppentempo, seine Eingriffe sind rein verlaufsorientiert, die Zielvorstellung: inhaltlich - formal, Sozialkompetenz ist für die Leiterrolle allerdings erforderlich. Die Teilnehmer verstehen sich als Partner, ihr Verhalten ist partner- und sachorientiert. Sie suchen gemeinsam nach Lösungen. Ein Konsens muß nicht erzielt werden. Im Klärungsgespräch werden Themen, Verlauf und Ziel von allen Teilnehmern bestimmt. Es geht also darum, die Ansätze zum Unterrichtsgespräch durchzugehen, inwieweit sie eine solche Form des Unterrichtsgesprächs berücksichtigen.

Die Zahl der Definitionen und Begriffsbestimmungen, bezogen auf das Unterrichtsgespräch, ist so hoch wie die Anzahl der Autoren, die darüber schreiben. Ernst Höller spricht nur von "Schülergespräch", intendiert aber die Gebundenheit des "freien (!) Schülergesprächs" an den Lehrstoff, d.h., der Lehrer bestimmt Thema und Lernziel. Christina Zacharias bezeichnet das Unterrichtsgespräch als Sonderform im Rahmen des Problemgesprächs, das Elemente aller Gesprächsformen enthalte. "Es ist ein gelenktes Gespräch, bei dem der Lehrer die Schüler systematisch zur selbständigen Klärung bestimmter Fragen führt, deren Lösung er bereits kennt" (Zacharias, 1974 : 177). Damit bezeichnet sie Unterrichtsgespräch als eine Gesprächsform, die allenfalls - so bei anderen Autoren - einem Lehrgespräch zuzurechnen ist.

Werden die Begriffsbestimmungen Karl Stöckers zugrundegelegt (Vgl. Stöcker, 1960 : 121, 154), so ist das Lehrgespräch vom Unterrichtsgespräch abgegrenzt, das Unterrichtsgespräch ist unterteilt in "freies" und "gebundenes". Demnach ist das Unterrichtsgespräch "frei", wenn die Gesprächsinhalte von den Schülern bestimmt werden, und "gebunden", wenn die Fragen vom Lehrer gestellt und angeregt werden, also im Zusammenhang mit dem Unterricht stehen (Stöcker, 1960 : 156f).

Zur Gruppe der Autoren, die solche Zweiteilungen vornehmen, gehört auch Odenbach. Er grenzt das Unterrichtsgespräch ebenfalls vom Lehrgespräch ab und trennt es in "freies" und "gebundenes", wozu er dieselben Unterscheidungskriterien heranzieht wie Stöcker: 'Frei' ist das Unterrichtsgespräch, wenn das Thema von den Schülern bestimmt, "gebunden", wenn es vom Lehrer vorgegeben wird.

Die Beispiele machen den Begriffswirrwarr deutlich: Höller bezeichnet mit "Schülergespräch" eine Gesprächsform, die bei Odenbach unter das "gebundene Unterrichtsgespräch" eingeordnet werden würde. Zacharias gibt eine Gesprächsform als Unterrichtsgespräch aus, die von Stöcker als Lehrgespräch begriffen würde. Hans Maier bleibt völlig unverbindlich: "Das Gespräch wird in der didaktischen Literatur gewöhnlich zu den Unterrichtsformen (...) gerechnet und erscheint dort mit Bezeichnungen wie Unterrichtsgespräch, Lehrgespräch, freies und gebundenes Gespräch. Die Zweckmäßigkeit ist sehr fraglich, (...) wir halten nur fest, daß in jedem Fall das Gespräch dem Unterricht Form geben soll" (Maier, 1969 : 56).

Ebenso allgemein bleibt Kaspar: "Im Unterricht stellt das Gespräch eine besondere Form der Kommunikation dar. Im weiteren Sinne kann jedes Gespräch zwischen Lehrer und Schüler und Schüler untereinander im Unterrichtsverlauf Unterrichtsgespräch genannt werden, unabhängig von seinem Inhalt" (Kaspar, 1971 : 87f). Tatsächlich gibt es bei ihm auch noch ein Unterrichtsgespräch im "engeren Sinne". Darunter versteht er ein vom Lehrer geleitetes Gespräch, unter "aktiver Beteiligung aller Teilnehmer mit dem Ziel der Erarbeitung eines Themas" (Kaspar, 1971 : 88). Damit wird es zum "Lehrgespräch" Odenbachs oder Stöckers.

Diesen Ansätzen fehlen vor allem Kriterien für ihre Klassifikationen. Solche benennen Reitemeier&Reitemeier: "Liegt dem Unterrichtsgespräch die Absicht zugrunde, ein vorher festgelegtes Ziel zu erreichen, dann ist es an dieses Ziel gebunden, kann also nicht mehr als 'frei' bezeichnet werden. Nur ein Gespräch, bei dem kein feststehendes Ziel erreicht werden soll, bei dem der Verlauf und das Ergebnis nicht vorauszusehen sind und das nicht an eine bestimmte Form gebunden ist, kann als 'freies' Unterrichtsgespräch bezeichnet werden" (Reitemeier, 1960 : 48). Die hier genannten Eigenschaften zeigen Übereinstimmungen mit dem Klärungsgespräch des sozialpragmatischen Ansatzes.

Insgesamt unterscheiden Reitemeiers vier "Hauptformen" des Unterrichtsgesprächs:

1. Das *freie Unterrichtsgespräch* ist von jeder Vorplanung des Lehrer frei.

2. Das *thematisch gebundene, aber in seiner Form freie Gespräch* ist in seiner Anlage, seinem Verlauf und seinen Ergebnissen von den Schülern bestimmt, während sein Thema als Aufgabe vom Lehrer gesetzt wird. Eine Unterform dieser Art ist die Diskussion einer bestimmten Sache oder Frage. Dabei werden Sachkenntnisse vorausgesetzt. Es geht daher in der Regel mehr um Wertfragen als um reine Sachfragen.

3. Das *im Thema und in der Form gebundene Gespräch* ist zwar vom Lehrer nach beiden Richtungen hin vorgeplant, aber es läßt in seinem Verlauf den Schülern weitgehend Freiheit zur Mitarbeit und zur Mitsteuerung innerhalb des gesteckten Rahmens. Der Lehrer sorgt durch die vorsichtige Wahl seiner Mittel - Anregung, Aufforderung (Impuls) - dafür, daß das beabsichtigte Ergebnis erreicht wird.

4. Das *Lehrgespräch* wird in Ziel und Weg unter strenger Einhaltung der Vorplanung ausschließlich vom Lehrer gelenkt und damit nach Inhalt und Form bestimmt (entwickelndes Verfahren mit Frage und Antwort) (Reitemeier, 1960 : 49f).

Drei wesentliche Elemente des Unterrichtsgesprächs lassen sich aus dem Reitemeierschen Konzept entwickeln: Gesprächsthema, Gesprächsverlauf und Gesprächsziel. Mit Hilfe dieser Elemente lassen sich die einzelnen Typen des Unterrichtsgesprächs ermitteln. Ein freies Unterrichtsgespräch wird weder im Verlauf noch im Thema und Ziel vom Lehrer festgelegt. Ein Lehrgespräch - als Gegenpol - wird in allen drei Elementen vom Lehrenden bestimmt.

Die schematische Darstellung dieser Klassifikation könnte unter der Verwendung der Begriffe Lehr - und Unterrichtsgespräch so aussehen:

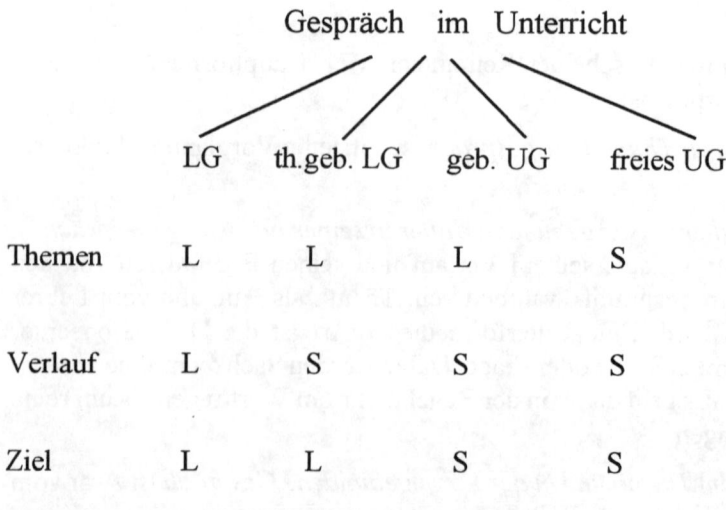

Gespräch im Unterricht

	LG	th.geb. LG	geb. UG	freies UG
Themen	L	L	L	S
Verlauf	L	S	S	S
Ziel	L	L	S	S

LG = Lehrgespräch   UG = Unterrichtsgespräch
th.geb. = themengebunden   geb. = gebunden
S = Schüler   L = Lehrer

Diese vorgenommene Einteilung erscheint plausibel. Der Begriff 'Unterrichtsgespräch' ist jedoch dermaßen strapaziert durch die Bezeichnung für Gespräche, die den Charakter von Lehrgesprächen tragen, daß die von Reitemeier erstellte Einteilung derart ergänzt werden soll, daß die formalen Komponenten der unterschiedlichen Gesprächsarten in der Bezeichnung zum Ausdruck kommen.

Die schematische Darstellung meiner Neueinteilung:

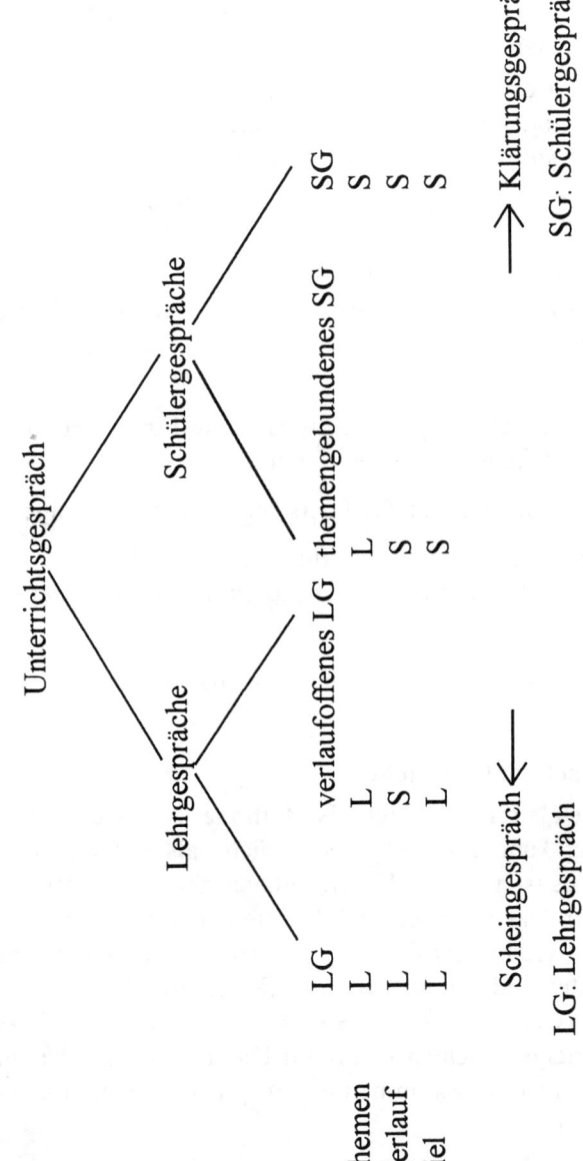

Darum wurden für diese Arten - wie auf dem Überblick auf der vorhergehenden Seite verdeutlicht - neue Begrifflichkeiten entwickelt. Dementsprechend kann das Unterrichtsgespräch, in dem der/die Lehrende Themen, Verlauf und Ziel bestimmt auch weiterhin *'Lehrgespräch'* heißen.

Das Unterrichtsgespräch, in dem der Lehrende die Themen und das Ziel vorgibt, die Schüler den Verlauf mitgestalten, kann folglich *'verlaufoffenes Lehrgespräch'* genannt werden.

Das Unterrichtsgespräch, in dem Verlauf und Ziel nicht vorgegeben, die Themen vom Lehrer gestellt sind, läßt sich als *'themengebundenes Schülergespräch'* bezeichnen.

Das Unterrichtsgespräch, das die Bestimmung von Themen, Verlauf und Ziel dem Schüler überläßt, kann als *'Schülergespräch'* aufgefaßt werden.

Anstelle von 'Gespräch im Unterricht' soll in dieser Arbeit nur von Unterrichtsgespräch die Rede sein.

Dabei soll nochmals auf Geißners Unterscheidung hingewiesen sein:

"1. Rhetorische Kommunikation im Unterricht
2. Unterricht in rhetorischer Kommunikation" (Geißner, 1977 : 298f).

Ebenso lassen sich begrifflich unterscheiden:

1. Unterrichtsgespräch und

2. Gespräch im Unterricht.

Das erste als reines Mittel, als Methode; das zweite als Ziel. Diese Trennung kann im "Schülergespräch" als aufgehoben betrachtet werden: Es ist nicht nur Unterrichtsverfahren, sondern selbst Erziehungsziel. Das gilt aber auch für die anderen Gesprächsformen, da auch sie, wie bereits dargelegt, neben Faktenvermittlung Denkgewohnheiten und Kommunikationsfähigkeiten entwickeln und stabilisieren. (Geißner, 1977 : 298). Mit Ritz - Fröhlich bezeichne ich Unterrichtsgespräche als "alle für Unterricht typischen und im Unterricht zur Geltung kommenden Gesprächsformen" (Ritz - Fröhlich, 1977 : 20).

4.1. Kategorien zur Analyse der verschiedenen Ansätze zum Unterrichtsgespräch

Zur Analyse der verschiedenen Ansätze zum Unterrichtsgespräch sollen hier Kriterien herangezogen werden, die der Orientierung der Gesprächserziehung auf das Richtziel "kritische Mündigkeit" dienen können. Da diese Kriterien nicht nur Unterscheidungsmerkmale der untersuchten Ansätze feststellen, sondern die Ansätze klassifizieren sollen, können sie auch als Kategorien bezeichnet werden.

Einige Forderungen sind an die Beschaffenheit der Kategorien zu stellen:

- Sie müssen die Breite der Problematik berücksichtigen. Ein zu untersuchendes Unterrichtsgespräch ist auf Übereinstimmung mit elementaren Wesenszügen des Klärungsgesprächs zu prüfen. Ebenso aber muß auf die theoretischen Grundlegungen der Vorschläge zur Praktizierung des Unterrichtsgesprächs zurückgegriffen werden. Dazu gehören dessen demokratische Legitimation, Erkenntnisse aus den Erziehungs- und Unterrichtswissenschaften wie auch sprech- und kommunikationswissenschaftliche Überlegungen.

- Es muß geprüft werden, inwieweit die Vorschläge zur Gesprächserziehung, zur Gestaltung des Unterrichtsgesprächs diesen Erkenntnissen entspringen, bzw. wie groß die Divergenz zwischen Theorie und Praxisvorschlägen ist. Nicht zuletzt muß geprüft werden, ob Vorschläge zur Qualifizierung der Lehrenden zur Gesprächsführung einbezogen werden.

- Die Kategorien müssen die bestehenden Beziehungsstrukturen als Bedingungsgefüge begreifen, in dem sich die einzelnen Elemente gegenseitig beeinflussen. Das Bedingungsgefüge muß also in seine Einzelelemente so aufgegliedert werden, daß die Bedeutung der Einzelelemente in der zusammenhängenden Struktur bewahrt wird. Daß diese letztlich auch in das Gesellschaftssystem integriert und der gesellschaftlichen Entwicklung unterworfen sind, soll nur am Rand erwähnt werden. Diese Arbeit kann die Herstellung von Bezügen zu gesellschaftlichen Bedingungszusammenhängen nicht leisten.

Diese Prämissen erlauben die Untersuchung sämtlicher Theorien und Didaktiken des Unterrichtsgesprächs, verbleiben aber im Rahmen eines deskriptiven Verfahrens. Kritisch wird diese Arbeit durch Einbezug demokratischer Zielsetzung. Die Kategorien sollen den Zielsetzungen einer demokratischen Verfassung und deren Implikationen wahrnehmen. Damit werden die Kategorien am gesellschaftlichen Rahmen ausgerichtet. Selbstbestimmung und gesellschaftliche Mitbestimmung bedürfen spezifischer Fähigkeiten, nämlich der Kooperation durch Kommunikation. Folglich wird das Schülergespräch als Äquivalent zum Klärungsgespräch zum Richtziel für alle Unterrichtsgespräche.

Das nebenstehende Schaubild veranschaulicht die für die Konstituierung eines Unterrichtsgesprächs wesentlichsten Voraussetzungen. Dazu gehören die entsprechenden Ableitungen innerhalb der Ansätze für die praktische Durchführung von Unterrichtsgesprächen aus den theoretischen Vorüberlegungen. Haben die vorgeschlagenen Formen des Unterrichtsgesprächs einen 'theoretischen Überbau'? Welche Motivation wird hinter den Vorschlägen zur Gestaltung von Unterrichtsgesprächen erkennbar? Ein anderer Aspekt: Wird die Qualifikation der Lehrenden berücksichtigt? Werden dazu Vorschläge gemacht?

Die Kategorien ergeben sich aus einer Gegenüberstellung von theoretischen Überlegungen zum Unterrichtsgespräch, Vorschlägen zur praktischen Durchführung des Unterrichtsgesprächs und Reflexionen zur Lehrerausbildung, sofern letztere angestellt werden.
Unterrichtsgesprächsmodelle lassen sich danach beurteilten, ob sie das gesamte Bedingungsgefüge in ihre Überlegungen miteinbeziehen, und welche Formen von Unterrichtsgesprächen sie vermitteln.
Welches theoretische Konzept wird gewählt? Welche pädagogischen und didaktischen Implikationen enthalten die Ansätze? Wie legitimieren sie sich?
Daraus ergeben sich im einzelnen folgende Kategorien:
1. Theoretische Überlegungen
2. Legitimation
3. Praktische Vorschläge zur Durchführung von Unterrichtsgesprächen
4. Hinweise zur Qualifizierung des Lehrenden.

Darstellung des Bedingungsgefüges
des Unterrichtsgesprächs

Päd. - did. Sprechwissenschaftliche   Legitimation
Erkenntnisse   Erkenntnisse

Theorie des Gesprächs

Lehrerausbildung —— Transfer —— Gesprächserziehung
(als Anleitung zur Praxis)

Praxis im Unterricht

Lehrer   Themen

UG   Verlauf

Schüler   Ziel

Schülerverhalten — — — — — — — — Gesprächserfolg

Gesellschaftliche Praxis des Gesprächs

Gesellschaftlicher Rahmen: Institutionen, Organisationen, usw.

Zusammenfassung zu den einzelnen Kategorien:

1. Theoretische Überlegungen

Die theoretischen Vorüberlegungen in den einzelnen Ansätzen begründen 'fachwissenschaftlich' die Notwendigkeit bestimmter praktischer Vorschläge zur Durchführung von Unterrichtsgesprächen.
In dieser *sprechwissenschaftlichen Arbeit* sollen sie auch daran
gemessen werden, inwieweit sie kooperative Gesprächsformen wie
das Klärungsgespräch berücksichtigen. Das Klärungsgespräch kann
im Rahmen des Unterrichts als 'Schülergespräch' etikettiert werden.
Im symmetrischen Gespräch sind die Rollen von Frager und Antworter grundsätzlich tauschbar. Das Gespräch wird zum offenen Prozeß
wechselseitigen Fragens und Antwortens. Der Leiter ist abwählbar, er
braucht wenig Sachkompetenz, aber Sozialkompetenz. Das Gruppentempo bestimmt die Schnelligkeit des Vorgehens. Der Leiter greift
nur wenig 'inhaltlich' ein, sondern regelt den Verlauf des Gesprächs.
Die Teilnehmer verhalten sich partner- und sachorientiert. Ihr Ziel ist
die Suche nach einer gemeinsamen Lösung: Ein Konsens ist nicht
erforderlich. Das Gespräch kann ohne konkrete 'inhaltliche' Ergebnisse bleiben. Der Gespräch*sprozeß* ist der wesentliche Inhalt. Das
symmetrische Gespräch bietet Möglichkeiten aus institutionalisierten
Sprechsituationen kommunikative zu machen.

2. Legitimation

Hier stellt sich die Frage an die zu untersuchenden Ansätze, inwieweit
sie ihre gesellschaftlichen Rahmenbedingungen reflektieren. Das Ziel
der "kritischen Mündigkeit" entspricht dem Grundgedanken der bun-
desrepublikanischen Verfassung. Politische Beteiligung ist ohne Kritikfähigkeit und Mündigkeit nicht denkbar.

3. Praktische Vorschläge zur Durchführung von Unterrichtsgesprächen

Wer bestimmt Themen, Verlauf und Ziele des Unterrichtsgesprächs?
Welche Rechte erhalten Lehrende und Lernende? Werden Hinweise
auf die äußerliche Umorientierung gegeben (Frontalunterricht)? Wie
wird das Gelingen von Gesprächen 'gemessen'? Sind Schüler produktiv oder reaktiv einbezogen?

4. Hinweise zur Qualifizierung der Lehrenden

Inwieweit erkennen die Ansätze die Vorbildfunktion der Lehrenden, und inwieweit werden entsprechende Hinweise zur Ausbildung von kommunikativen Fähigkeiten bei den Lehrenden gegeben? Bartsch hat entsprechende Qualifikationen bereits 1974 zusammengestellt:

" - Kenntnis der Formen, Funktionen, Bedingungen und Strukturen mündlicher Kommunikation, insbesondere über Leistungen für gesellschaftliche und zwischenmenschliche Beziehungen.

- Fähigkeit, diese Faktoren durch adäquate Verfahren zu beschrei ben und darüber hinaus in der Umgangssprache zu erläutern.

- Fähigkeit zum sicheren Vollzug aller sprecherischen Leistungen.

- Fähigkeit zur kritischen Reflexion eigener und fremder Sprechakte und Handlungen, insbesondere bezüglich der Wirkungen und der kommunikativen Normen im gesellschaftlichen Handlungsfeld.

- Interdisziplinäre Beherrschung der wichtigsten Methoden zur Ana lyse von Sprechleistungen und zur differenzierten Bewertung der Strukturelemente und ihrer Abhängigkeiten, - auch bei mehrdi mensionalen, komplexen Phänomenen (z.B. Medien).

- Fähigkeit zur Reflexion der interessegeleiteten Voraussetzungen und Implikationen bei Sprechhandlungen und metasprachliche Verbalisation dieser Einsichten mit dem Ziel einer Verständigung mit dem Gesprächspartner.

- Fähigkeit, akustische und visuelle Texte sinngemäß zu entschlüs seln und in Vermittlungssituationen adäquat zu interpretieren.

- Fähigkeit, produktive sprecherische Kompetenz zu entwickeln, zu emanzipieren und zu therapieren.

- Fähigkeit, die Inhalte, Methoden und Verhaltensmöglichkeiten mündlicher Kommunikation auf ihre schulische Relevanz hin zu überprüfen und eine Entscheidung für entsprechende Lernziele zu begründen.

- Fähigkeit, geeignete Methoden zur situativen Entfaltung mündli cher Kommunikation in der Schule selbst zu entwickeln" (Bartsch, 1974 : 26f).

5. Kritische Darstellung der Ansätze zum Unterrichtsgespräch

Zahlreiche Arbeiten 'zur Theorie und Praxis des Gesprächs in der Schule' (Vgl. Behme, 1977) machen eine Auswahl unter diesen unumgänglich. Wie bereits dargelegt, werden vor allem Ansätze zum Unterrichtsgespräch berücksichtigt, die das Gespräch primär als Methode des Unterrichts verstehen. Gesprächserzieherische Beiträge, die das Gespräch als Ziel betrachten und das Unterrichtsgespräch als Mittel nur am Rande berücksichtigen, werden nicht herangezogen.

Die Untersuchung beschäftigt sich mit Beiträgen aus dem Bereich der Grundschule und der Sekundarstufe I. Außerdem wurden nur solche Veröffentlichungen herangezogen, die erwarten ließen, daß sie einen größeren Bereich des Bedingungsgefüges des Unterrichtsgesprächs abhandeln: Neben den 'theoretischen Überlegungen' sollten auch Qualifizierungsvorschläge für die Lehrenden und 'praktische Vorschläge' einbezogen werden.

Die ausgewählten Beiträge stammen aus der Zeit von 1950 bis 1985, umfassen damit eine Zeitspanne von 35 Jahren. Somit kann auch ein kleiner historischer Überblick über die Geschichte des Unterrichtsgesprächs in der Bundesrepublik von 1949 bis in die Gegenwart entstehen. Damit erhebt diese Arbeit allerdings nicht den Anspruch, eine historische Gesamtdarstellung des Unterrichtsgesprächs zu liefern.

Ein Interesse dieser Untersuchung besteht in der Klassifizierung der einzelnen Ansätze zum Unterrichtsgespräch. Die untersuchten Ansätze werden den Gesprächstypen des Unterrichtsgesprächs, wie in dieser Arbeit entwickelt, - Lehrgespräch, verlaufoffenes Lehrgespräch, themenbestimmtes Schülergespräch, Schülergespräch - zugeordnet.

Da aber einige Autoren Zwischenstellungen einnehmen, die sich nicht gänzlich einwandfrei einer Unterrichtsgesprächsform zuordnen lassen bzw. verschiedene Unterrichtsgesprächsformen vorsehen, mußte nach der Tendenz der Beiträge entschieden werden.

Andere Autoren erschweren eine Klassifizierung dadurch, daß sie lediglich theoretische Überlegungen anstellen, während die Einteilung nach Gesprächstypen vor allem auf den praktischen Vorschlägen zur Durchführung des Unterrichtsgesprächs basiert. Letztendlich entscheiden über die Zuordnung zu einer Gesprächsform die praktischen Vorschläge zum Unterrichtsgespräch.

Innerhalb der Unterrichtsgesprächsformen werden die einzelnen Ansätze nach der zeitlichen Abfolge ihrer Veröffentlichung eingeordnet. Dazu wird nicht immer der Zeitpunkt des Erscheinens der *Erst*auflage herangezogen, weil es primär darum geht, in welcher Zeit bestimmte Meinungen über die Form der Unterrichtsgespräche *Zeitausdruck* waren.

Die Klassifizierung dient als Grundlage für Schlußfolgerungen über den gesprächerzieherischen Einfluß und die Wirkung von Unterrichtsgesprächen.

5.1. Ansätze zum Lehrgespräch

Walter Reichert: Ohne Titel, in: Joost, L.: Das Unterrichtsgespräch. Braunschweig 1951, 2. Auflage

Die "Überwindung" der Lehrerfrage durch das Unterrichtsgespräch wird von ihm als Beitrag zur Erziehung zur Demokratie verstanden (Reichert, 1951 : 28). Die "persönlichkeitsgestaltende" Wirkung des Gesprächs wird allerdings sehr idealisierend umschrieben: "nur Persönlichkeiten können überhaupt Gespräche führen" (Reichert, 1951 : 30). Folglich betont er die Aufgabe der "Persönlichkeitsbildung". Damit legitimiert Reichert das Gespräch als Mittel im Dienste des Unterrichts und seiner Ziele.

Zwei Gedanken bestimmen seine weiteren Überlegungen: 1. Die 'Ideengeleitetheit' des Gesprächs ist im Unterrichtsgespräch die Zielgerichtetheit. Damit bedarf das Unterrichtsgespräch eines Leiters, der lenkend eingreift (Vgl. Reichert, 1951 : 31f). 2. Die Vorbereitung auf die Demokratie läßt sich mit Hilfe des Gesprächs besonders gut

verfolgen, da dieses "die Ein - und Unterordnung der Persönlichkeit
in und unter die Gemeinschaft und ihre Forderungen" als die "höchste
und zugleich notwendigste Tugend jedes Gesprächsteilnehmers" verlangt.

Reichert fordert, daß das Unterrichtsgespräch planmäßig vom ersten
Schultag an zu üben sei. Der Lehrer soll "gesprächserweckende"
Situationen schaffen (ebd. : 34) oder solle in den höheren Klassen
"gesprächserweckende Probleme" vorgeben (ebd. : 35). Das Unterrichtsgespräch könne mit einem Schülervortrag beginnen. Die anschließende Diskussion müsse aber unter einer Gesprächsleitung
stattfinden, die bei geschulten Schülern an diese weitergegeben werden kann; freilich, der Lehrer darf "die Fäden nicht aus der Hand (...)
verlieren" (ebd. : 36).

*Reicherts Ansatz ist konsequent, insofern er seine theoretischen
Überlegungen in die Praxis des Unterrichtsgesprächs überträgt.
Das Verlangen der Ein - und Unterordnung verrät den geistigen
Ursprung dieses Ansatzes in der Partnerschaftsphilosophie der
fünfziger Jahre. Die "Ein - und Unterordnung" als demokratische
'Tugend' bedarf jedenfalls einer Kontrolle: darum Lehrerdominanz.
Die Bestimmung von Themen und Ziel nimmt der Lehrer vor, den
Verlauf kontrolliert er, auch wenn er die Gesprächsleitung abgege-
ben hat.*

**Maximilian Katzer: Das Lehrgespräch in der Volksschule
(1951)**

Das Lehrgespräch ziele auf die "gemeinsame Erarbeitung von Erkenntnissen" und auf "einen lebhaften Wechsel der Rede zwischen
Lehrer und Schüler". Im Mittelpunkt stehe der Arbeitszweck und die
gleichmäßige Beteiligung von Lehrer und Schülern (Vgl. Katzer,
1951 : 5). Er beruft sich auf die Reformpädagogen um Gaudig und
Müller, die trotz aller Befürwortung der Schüleraktivität die Verantwortung des Lehrers gesehen hätten. Daraus schließt er, daß dem
Lehrer an der "Gemeinschaftsarbeit" der Hauptanteil zufalle (ebd. :

6).Dieser stellt die Probleme und deshalb - meint Katzer - sei auch die Lehrerfrage zulässig. Der Lehrer halte die Fäden des "Lehrgangs" in der Hand und dürfe sich nicht "durch abirrende Gedankensprünge des Kindes verwirren lassen"(ebd. : 9). Daher überrascht es nicht, wenn er feststellt, daß der Anteil der Schüler am Gespräch meist "aus den Antworten auf die Fragen und sonstigen Denkanstößen, Hinweisen und dgl. bestehen muß" (ebd. : 10). "Streitfragen" werden von den Schülern schriftlich vorformuliert, in einen Fragekasten geworfen und im Lehrgespräch beantwortet (ebd.). Der Lehrer solle sein Arbeitsziel schriftlich fixieren. "Das Festhalten an diesem Ziel bezeichne ich als Konzentration des Lehrers, die allein den Unterrichtserfolg gewährleistet" (ebd. :12).

In zwei Sätzen zusammengefaßt, skizziert er seine Konzeption: "Wie ein Steuermann sein Schiff durch Sturm und Wogen, lenkt der gute Lehrer den Gedankenablauf seiner Schüler durch alle Irrungen und Wirrungen hindurch zum klaren Ausdruck seiner neuen Erkenntnisse. Ist das Ziel erreicht, daß die Schüler klar auszudrücken vermögen, was der Lehrer sich vor der Stunde als Ziel festgelegt hat, dann sei der Lehrer stolz" (ebd. : 13).

Katzer postuliert keine hohen Erziehungsziele, er konzentriert sich auf die Methode, die allerdings fragwürdig bleibt: Die Schüler sollen erahnen, was der Lehrer will. So wird Unterricht zum Ratespiel. Den Schülern bleiben reaktive Verhaltensweisen. Streitfragen werden nicht geklärt, sondern vom Lehrenden mit dem Anspruch auf Endgültigkeit beantwortet.

A. Bernatzki: Diskussion - Gespräch. Gedanken zum Klassengespräch (1952/53)

Er nähert sich von dem Wesen des Gesprächs und der Diskussion zur Zielvorstellung, daß sich im "Klassengespräch" die Qualitäten des "echten" Gesprächs zeigen und festigen müßten. Dabei müsse darauf geachtet werden, daß das Gespräch nicht die Ausdrucksform der Diskussion annimmt (Bernatzki : 342).

Den Begriff der Diskussion bezieht er offenbar auf Formen des Streitgesprächs (Zu den Begrifflichkeiten sei auf die ersten drei Kapitel dieses Buchs verwiesen).

Danach zählt Bernatzki eine Reihe von Fehlhaltungen auf:

- kein "durchgehaltener Bezug auf den Gegenstand des Gesprächs";
- zuviel Bezug Lehrer - Schüler;
- oft: "Durcheinander mehrerer Antworten";
- die Sprechenden sollten einander zugewandt sein;
- "Wahrung guter Formen" (ebd. : 343).

Der Lehrer hat darauf zu achten, daß die Schüler keine Grenzen überschreiten, wo das Gespräch zum "Geschwätz" wird, weil es "Sphären gibt, wo man 'das Unerforschliche ruhig zu verehren' hat"(ebd).

Mit einem "Wegweiser" versucht er den Lehrer auf den richtigen Pfad des Gesprächs zu lenken. Das Thema solle die "geistige Situation" der Schüler berücksichtigen, bestimmt wird es vom Lehrenden, der die Schüler auf das Thema vorbereitet. Er schlägt ein "stufenweises" Vorgehen vor, mit Impulsen werden die Schüler gesteuert. Wenn diese nicht helfen, sollten übende Lehrweisen angewandt werden (ebd. : 344).

Bernatzki räumt dem Lehrenden die Vorrangstellung ein, damit das Thema bearbeitet wird und ethische Normen eingehalten werden. Durch das Gespräch sollen keine demokratischen Einstellungen erworben werden, sondern der Schüler soll vorgegebene geistig - moralische Werte verinnerlichen.

Diese sittlich - moralischen Ordnungsideen bedingen die Regeln, etwa auch die Regel "Wahrung guter Formen". Lehrer und Schüler sollen diese nicht reflektieren, sondern akzeptieren. Die ethisch-moralischen Normen, die Gesprächsführung beeinflussen, beruhen auf keinem Konsens, sondern sind vorgegeben. Dadurch sind sie aber eher verletzbar oder angreifbar als selbstgefundene und einsichtige Regeln.

Theo Dietrich: Freies Unterrichtsgespräch in der Grundschule (1953)

Gruppenarbeit, Unterrichtsgespräch und Technik der Handhabung von Arbeitsmitteln sind seiner Ansicht nach eine dreigliedrige Einheit im Unterrichtswesen. Die arbeitsteilige Lösung von Problemen im Unterrichtsgespräch sah er als Aufgabe der Mittel- und Oberstufe der Volksschule. Das Gespräch bei den Kindern der Grundschule sei "von Anbeginn an" zu fördern (Dietrich, 1953 : 229f).

Nach Möglichkeit sollte täglich ein kleines Gespräch geführt werden. Dem Unterrichtsgespräch räumt er nicht nur Bildungswert, sondern auch einen erzieherischen Wert ein: Es diene der Einübung sozialer Verhaltensweisen und der frühen Gewöhnung an demokratisches Verhalten (ebd. : 232).

Das Gespräch muß "sich den Regeln der Gesprächsführung unterwerfen, Formen der Höflichkeit, der Rücksichtnahme üben" (ebd.).

Obwohl die praktischen Vorschläge Dietrichs die äußere Form des Unterrichts auflockern, so empfiehlt er die Kreisform als Sitzordnung, bleiben sie auf dem Boden des Lehrgesprächs: Der Lehrer lenkt die Schüler, so soll er durch Impulse Schüler zu Fragen veranlassen (ebd. : 234). Es liegt nahe zu vermuten, daß die Schüler die Fragen stellen sollen, die der Lehrer im Normalfall selbst gestellt hätte.

Dietrich verlangt die "Einschulung" des Gesprächs, geht aber über das Einschärfen vom Lehrer festgesetzter Verhaltensregeln nicht hinaus.Diese bleiben für die Schüler uneinsichtig, d.h. nicht hinterfragbar. Der Lehrer behält seine dominierende Stellung. Wie bei Reichert bleiben die Qualifikationen des Lehrers ausgeklammert.

Ein Trend zu einem mehr schülerorientierten Unterrichtsgespräch läßt sich auch dann nicht feststellen, wenn er ein freies Gespräch vorschlägt, in dem Fragen und Probleme der Schüler vorherrschen. Denn er denkt dabei mehr an eine Fragestunde, in der der Lehrer die Antworten gibt (ebd. : 231).

Karl Stöcker: Neuzeitliche Unterrichtsgestaltung (1960, 10. Auflage)

Das Unterrichtsgespräch wird bei Stöcker unter die erarbeitende Unterrichtsform eingeordnet (Stöcker, 1960 : 150). Er geht auf die Stellung des Gesprächs und dessen pädagogische Aufgaben in der Gegenwart ein, um zunächst über Wesensmerkmale des Gesprächs und über die Voraussetzungen des Unterrichtsgesprächs zu informieren und dann die sogenannte 'Technik' der Gesprächsführung vorzustellen.

"Die Pflege einer lebendigen Gesprächskultur" sei gerade für die "Form der Demokratie" notwendig. Denn dieses Regierungssystem verspreche "sich im öffentlichen Gespräch, in der geistigen Auseinandersetzung der politischen Kräfte das Zustandekommen einer politischen Willensbildung" (ebd. : 151). In Diktaturen und absolutistischen Systemen gebe es keine Gesprächskultur (ebd).

Echte Gesprächsformen bedürften der Übung und Schulung. "In einer Schule der Gemeinschaft, des sozialen Mit- und Füreinanders" müßten den späteren "Staatsbürgern" Techniken und Einstellungen vermittelt werden, die der Demokratie angemessen sind (ebd.). Er untersucht zunächst die Wesensmerkmale des "echten" Gesprächs und die Frage, ob überhaupt ein "echtes" Gespräch im Unterricht möglich ist.

Seiner Auffassung nach setzt das "echte Gespräch" eine Gesprächsbereitschaft voraus, das Ergebnis des Gesprächs sei offen (ebd. : 153). Darum setzt er Unterricht mit einem Lehrgespräch gleich. Denn in der Natur des Unterrichts liege es, daß ein "Führender, Wissender und Könnender die Unwissenden und Ungeübten anleitet und sie möglichst zu seiner Höhe der Erkenntnis emporführt" (ebd. 154).

Da das Gespräch nur gleichberechtigte Partner kenne, sei eine echtes Gespräch im Unterricht nur möglich, wenn die Schüler ihre Erfahrungen einbringen könnten (ebd. : 155).

Stöcker unterscheidet freies und gebundenes Unterrichtsgespräch. Die Gesprächsinhalte werden im freien Unterrichtsgespräch von den

Schülern bestimmt. Diese Gesprächsform stände jedoch mit dem übrigen, normalen Unterricht in keinem Zusammenhang.

Im gebundenen Unterrichtsgespräch bezeichnet er die in Kreis, Halbkreis oder Hufeisenform umgeänderte Sitzordnung und den "Gesprächsantrieb" als relevant. Ein richtiger Sprechanlaß müsse gefunden werden, der aus der Interessenwelt des Kindes stamme. Er empfiehlt ein Vertrauensverhältnis zwischen Lehrer und Kind sowie eine "gesunde Klassenatmosphäre" (ebd. : 157f).

Die formalen Spielregeln der Gesprächsführung und - technik seien planmäßig zu üben, um "Unduldsamkeit und Besserwisserei" auf Seiten der Schüler abzubauen (ebd. : 160). Die Klasse selbst soll zum "Hüter" der "guten" Gesprächsformen aufgerufen werden: -"Wir wollen einander ausreden lassen!", - "Wir schauen einander auf den Mund!", - "Wir reden zur Sache!",- "Lerne zur rechten Zeit reden, aber auch zu schweigen!".

Zudem soll ein Training bestimmter Redewendungen die Schüler anleiten, "eine hohe Stufe einer Gesprächsführung" zu erreichen (ebd. :161). Um einer "Entartung" des Gesprächs vorzubeugen, müsse selbst im freien Unterrichtsgespräch der Lehrer führen. Er sollte aber mit subtilen Mitteln eingreifen.

Bereits beim Versuch, die Notwendigkeit des Gesprächs mit den demokratischen Erfordernissen zu begründen, beschränkt Stöcker Gesprächserziehung auf die bloße Vermittlung von "Techniken und Einstellungen". Sein Verständnis von Unterricht schließt ein Schülergespräch weitgehend aus: Wenn die Gesprächsinhalte von den Schülern bestimmt sind, stehen sie außerhalb des Unterrichts. Doch selbst Schülergespräche sollen vom Lehrer geführt werden. Mit formalen Gesprächsregeln werden die Schüler reglementiert. Sie selbst sollen zwar für die Einhaltung der Gesprächsregeln sorgen. Diese Regeln haben sie selbst weder mitbestimmt, noch können sie sie ablehnen. Ihre Freiheit besteht darin, diese vorgegebenen Regeln anzuwenden und ihre Einhaltung zu überwachen.

Von "geistiger Auseinandersetzung" und "Willensbildung" ist bei der Durchführung der Stöckerschen Unterrichtsgespräche dann nur

noch wenig zu verspüren. Der Lehrer behält in allen Unterrichts-
gesprächsformen die Entscheidungsgewalt, die Schüler sind in der
Situation, vorgegebene Normen anzuwenden. Die Gesprächssituation bleibt asymmetrisch. *Die Feststellung Stöckers, daß das Unter-*
richtsgespräch keine Monopolstellung einnehmen dürfe, marginali-
siert seinen Stellenwert im Unterricht ohnehin.

Fritz Behrendt: Das Gespräch im Unterricht (1964)

Das Gespräch hat seiner Meinung nach in der Schule drei Aufgaben:
- dem Kind zu helfen, "seine Erfolge selbsttätig" zu erreichen,
- die Gewinnung eigener "lebenskundlicher" Einsichten zu erzielen,
- das Grundwissen des Kindes zu bereichern (Behrendt, 1964 : 34).

Die innere Bereitschaft zum Gespräch wird durch eine äußere Umstel-
lung auf die Kreisform als Sitzordnung unterstützt. Der Lehrer hat die
Technik der Gesprächsleitung zu beherrschen und muß beachten, daß
sich die Schüler im Gespräch einander zuwenden. Wenn das Thema
erschöpft sei, solle der Lehrer den Kreis auflösen und solle deutliche
Arbeitsanweisungen geben.

Der Verlauf des Gesprächs kann aber auch formal in die Hände der
Schüler abgegeben werden. Dies vollzieht sich so: "Jedes Kind, das
seinen Beitrag beendet hat, ruft den nächsten Sprecher aus der
Kreisrunde auf" (ebd. : 37). Um Unfug vorzubeugen, hat der Lehrende - so Behrendt - klare Anweisungen zu geben.

Damit das Ziel der Aufeinanderbezogenheit der Schüleräußerungen
zu erreichen ist, rät Behrendt das "Anbinden der Gesprächsteile" an:
"Jeder nächste Sprecher hat zu Beginn seines Beitrages erst den
Vornamen zu sagen" (ebd).

In einer schon älteren Klassengemeinschaft erscheint das Nennen
des Vornamens funktionslos, ein Sachzusammenhang wird dadurch
auch nicht hergestellt. Sicherlich behält auch deshalb der Lehrende
die Aufgabe, darauf zu achten, daß das Gespräch inhaltlich und

formal geordnet verläuft: "Nun ist es um der Besinnung und Vertiefung willen wichtig, die Kinder zu gewöhnen, freiwillig bei der Stange" zu bleiben" (ebd. : 38). Der Lehrende bestimmt also Thema, und damit meint Behrendt wohl auch das Gesprächsziel sowie den Verlauf.

Die formale Übertragung der Worterteilung auf die Schüler ist eine rein technische Lösung, die an den asymmetrischen Kommunikationsbeziehungen im Gespräch nichts ändert. Mit der Vorstellung, daß die Kinder freiwillig bei der "Stange bleiben" sollen, erweckt er den Eindruck, durch rein formale Änderungen werde schon Partnerschaft hergestellt. Bleibt anzumerken, daß das Ziel der Selbsttätigkeit im Widerspruch zu den praktischen Vorschlägen zur Gesprächsführung steht, daß diese Vorschläge unbegründet bleiben und damit willkürlich erscheinen.

Ernst Höller: Theorie und Praxis des Schülergesprächs (1970, 3. Auflage)

"Demokratie ist Diskussion" stellt er einleitend fest, und was für die "allgemeine Situation" gelte, habe auch für die Schule Gültigkeit (Höller, 1970 : 9). Daraus schließt er: "Die Beschränkung der sprachlichen Äußerungen der Schüler auf die Beantwortung von Lehrerfragen, sei es, um das von den Schülern aufgenommene Wissen zu überprüfen oder um im methodischen Fortschreiten zu neuem Wissen zu gelangen, kann den Erfordernissen einer demokratischen Erziehung unmöglich gerecht werden" (ebd. : 9f).

Nach dieser Begründung "der Notwendigkeit, das Schülergespräch zu pflegen", leitet er weitere Begründungen aus dem Grundsatz der Selbständigkeit der Arbeitsschule und dem pädagogischen Grundsatz der "Kindtümlichkeit" ab (ebd. : 10).

Höller versucht aus den Kennzeichen des "üblichen Gesprächs unseres Kulturkreises" Merkmale für das "Schülergespräch" (so die Höllersche Bezeichnung für Unterrichtsgespräch) zu finden.

Demnach
- müssen die Teilnehmer einander vertrauen,
- müssen sie "irgendwie mindestgleichberechtigt" sein,
- muß Interesse für den Inhalt des Gesprächs vorhanden sein,
- muß der Ablauf des Gesprächs geregelt sein,
- müssen alle Teilnehmer "auf einer einigermaßen gleichen Stufe der sprachlichen Entwicklung" stehen (ebd. : 13f).

Daraus folgert er für sein sogenanntes "Schülergespräch":
- Die "Gesetze" des Gesprächs sollen auch für den Lehrer gelten.
- Es muß Vertrauen zwischen Lehrer und Schülern herrschen.
- Schüler sollen gleichberechtigt sein und die gleichen Pflichten besitzen.
- Der "Stoff" muß die Schüler interessieren, besonders geeignet seien "erziehliche Fragen".
- Die Schüler müssen gewillt sein, selbständig Erkenntnisse zu erarbeiten (Vgl. Höller : 14 - 23).

Schließlich stellt Höller einen ganzen Katalog an Voraussetzungen für Schüleräußerungen zusammen:
- Die Schüler sollen nur Fragen stellen, die wichtig sind.
- Sie sind verpflichtet, ihre Fragen auf ihren Sinngehalt zu untersuchen.
- Sie dürfen nur etwas behaupten, wenn sie es begründen können.
- Vermutungen und Meinungen müssen von ihnen als solche gekennzeichnet werden.
- Sie müssen aufmerksam sein und zuhören.
- Sie sollen kritisch sein.
- Sie sollen sich in ihren Äußerungen auf die Sache und die vorangegangenen Äußerungen beziehen.
- Keine Wiederholungen.
- Sie sollen beharrlich sein.
- Sie sollen nicht auf unhaltbaren Standpunkten bestehen.
- Sie sollen höflich zueinander sein (Vgl. Höller : 25 - 32).

Höller verweist die Kontrolle dieser Regelungen an den Lehrer. Bei der Gesprächsführung räumt Höller den Schülern scheinbare Mitbestimmung ein: Sie dürfen einander aufrufen. Der Schüler, der gerade gesprochen hat, darf das Wort weitergeben. Oder: "Der Schüler, der sprechen möchte, steht zunächst einmal auf. Sobald der Sprecher vor ihm zu Ende gesprochen und sich gesetzt hat, beginnt er zu sprechen". Aber: "Der Lehrer kann selbstverständlich jederzeit in das Gespräch eingreifen" (Vgl. Höller : 33 - 40). Auch die Sitzordnung soll Höllers Meinung nach geändert werden - zur Kreisform, zum Halbkreis oder zur Hufeisenform (ebd. : 41f).

Der Anstoß zum "Schülergespräch" kann von den Schülern ausgehen. "Je mehr es gelingt, die Problematik der Schüler mit den Forderungen des Lehrplans gleichlaufen zu lassen, um so seltener wird der Anstoß zu einem Schülergespräch vom Lehrer ausgehen müssen". Der Lehrer sei allerdings "die letzte Autorität, die in allen Zweifelsfragen die Entscheidung bringen kann" (ebd. : 50).

Die Aufgaben des Lehrers beim "Schülergespräch":

- Er sichert den zielstrebigen Ablauf des Gesprächs.
- Er prüft die Äußerungen der Schüler im Hinblick auf das Arbeitsziel.
- Er klärt Unklarheiten.
- Er faßt Teilergebnisse und Gesamtergebnisse zusammen.
- "Er bleibt auch im Hintergrund die Seele der Arbeit" (ebd. : 61 - 63).

Diese Richtlinien für das Lehrerverhalten im "Schülergespräch" verdeutlichen die 'Machtposition' des Lehrers. Das Unterrichtsgespräch, das Höller als "Schülergespräch" bezeichnet, entpuppt sich als Lehrgespräch. Die Vielzahl der "Gesetze" und Regeln, nach denen sich die Schüler und Schülerinnen zu richten haben, sind geeignet jegliche spontane Regung im Ansatz zu ersticken. Kritik an diesen Regeln, die den Schülern willkürlich erscheinen könnten, wird unterdrückt: "Streitfragen über die 'Geschäftsordnung' lasse ich nicht zu" (ebd. : 61).
Der Lehrer bleibt in einem derartigen "Schülergespräch" eine allmächtige Instanz. Die Schüler sind gezwungen, die Gedanken des Lehrenden zu erahnen: "Manchmal lasse ich mir die Frage zuerst ins

*Ohr sagen, da gibt es dann ein Sonderlob, wenn die Frage klug war"
(ebd. : 25). Das Verhalten der Schüler wird konditioniert, d.h. die
Einhaltung der Gesprächsregeln wird an Erfolg (Lob) oder Mißer-
folg (Der Schüler darf sich nicht äußern) gekoppelt. Damit aber
bleibt der Sinn dieser Verhaltensweisen für die Schüler uneinsehbar.
Es besteht die Gefahr, daß die Verhaltensweisen, sobald sie nicht
mehr verstärkt werden, erlöschen. Diese Art von Erziehung führt
letztlich zur Anpassung. Höller hatte freilich nie "kritische Mündigkeit" beabsichtigt. Dagegen nämlich spricht schon sein Hegel'sches Freiheitsverständnis
"Als frei ist eine Handlung dann zu bezeichnen, wenn das handelnde
Wesen die Gesetze, nach denen sich sein Handeln richten soll, bejaht,
wenn also zwischen Sollen und dem Wollen des Handelnden kein
Gegensatz besteht". Damit bleiben "Gesetze" oder Gesprächsregeln
nicht hinterfragbar, es bleibt den Schülern verschlossen, warum
welche Gesprächsregeln erstellt wurden. Nun ist aber zu bedenken,
daß Höller diese Gedanken zum "Schülergespräch" bereits 1948
entwarf, in einer Zeit, in der die Deutschen noch unbeholfene
Gehversuche auf dem Boden der Demokratie unternahmen.*

**Lothar Klingberg: Einführung in die allgemeine Didaktik
(1974, 2. Auflage)
Christina Zacharias: Sprecherziehung (1974, 4. Auflage)**

Beide Beiträge erschienen in Ostberlin und sollen stellvertretend für
Ansätze des Unterrichtsgesprächs in der ehemaligen DDR stehen.

Christina Zacharias geht von der Einteilung in Gesprächsarten aus und
ordnet das Gespräch im Unterricht als Sonderform in die Gruppe der
Problemgespräche ein. Das Unterrichtsgespräch definiert sie als "ein
gelenktes Gespräch, bei dem der Lehrer die Schüler systematisch zur
selbständigen Klärung bestimmter Fragen führt, deren Lösung er
selbst bereits kennt" (Zacharias, 1974 : 177).
Die Voraussetzung des "fruchtbringenden" Unterrichtsgesprächs sei
die Fähigkeit des Lehrers durch richtige Fragestellungen Denkanreize

zu geben (ebd.). Sie unterscheidet danach die "Fragearten", deren Erörterung hier nicht weiter wichtig ist. Das Gespräch wird bei ihr nur nebenbei erwähnt. Sie mißt ihm nicht mehr Bedeutung bei als der Erzählung. "Die höchste Form der freisprachlichen Gestaltung", nämlich die Rede, wird von ihr überbewertet (ebd. : 191). Die Beiträge der Schüler werden bei ihr unter dem Gesichtspunkt der Weiterentwicklung zur freien Rede bewertet (Zur Bewertung des Verhältnisses von Gespräch - und Redepädagogik in der DDR: Beck, M. (1991)).

Klingberg unterscheidet drei Formen des Unterrichtsgesprächs:

" 1. das Lehrgespräch mit starker Betonung der Frage unter der direkten Führung durch den Lehrer,
2. das locker gehaltene Gespräch, bei dem der Lehrer zwar führt, jedoch stärker in den Hintergrund tritt,
3. die Unterrichtsdiskussion und das Streitgespräch als Vorform des wissenschaftlichen Gesprächs" (Klingberg, 1974 : 331).

Als Mittel der Gesprächsführung hebt er vor allem die "Lehrerfrage" hervor, deren Typologie er ausführlich schildert und nennt erst an zweiter Stelle den "Impuls", den er in sprachlichen, gegenständlichen und mimischen Impuls einteilt (ebd. : 332 - 339). "Ein gutes Unterrichtsgespräch zeichnet sich durch ein für alle Schüler spürbare Vorwärtsbewegung der Gedanken, durch eine wirkliche Bereicherung ihres Wissens, ihrer Einsichten, Überzeugungen und Gefühle aus. Manchmal wird noch zuviel 'erarbeitet', was die Schüler längst wissen oder was rationeller in einem darbietenden Verfahren vermittelt werden könnte" (ebd. : 339).

Er unterscheidet dann einige Modelle des Unterrichtsgesprächs, die sich dadurch voneinander abheben, daß der Lehrer einmal mehr, einmal weniger auf die Schüler eingeht; einmal sofort Schüleräußerungen korrigiert, ein andermal erst später auf Schüleräußerungen zurückkommt (ebd. : 341 - 344).

In beiden Fällen handelt es sich um Lehrgespräche, in denen der Lehrer stets die Kontrolle über den Verlauf sowie auch über Thema und Ziel behält. Sowohl bei Zacharias als auch bei Klingberg überwiegen methodische Hinweise zur "Lehrerfrage". Das Unter-

richtsgespräch unterliegt vor allem der Aufgabe der Erarbeitung von Wissen. Diesem Ziel dient auch die straffe Gesprächslenkung durch den Lehrer, der entweder mit Fragen oder Impulsen, inhaltlich und formal steuernd, eingreift.

Eine Erziehung zu bestimmten Verhaltensweisen intendieren die Autoren explizit nicht. Rasche Vermittlung von Wissen und Kenntnissen steht im Mittelpunkt ihres Interesses. Wenn das darstellende Verfahren dazu besser geeignet scheint, dann wollen beide Autoren es als Methode in der Situation bevorzugt sehen.

Ein solcher auf Effektivität und Leistung ausgerichteter Unterricht, der auf die Erfüllung seines Plansolls bedacht ist, kann die Autorität des durch Wissensvorsprung ausgezeichneten Lehrers nicht in Frage stellen.

Folglich kann es keine symmetrischen Kommunikationsstrukturen im Unterrichtsgespräch geben. Sollte erst im Unterricht offen und gleichberechtigt diskutiert werden, so hätte es womöglich auch kein Tabu mehr in anderen öffentlichen Bereichen gegeben. Nicht nur die Machtposition des Lehrers oder der Lehrerin wäre zur Disposition gestanden, sondern auch das System, dessen Vertreter/in er/sie war.

5.2. Ansätze zum verlaufoffenen Lehrgespräch

Georg Bögl: Ohne Titel, in Joost: Das Unterrichtsgespräch (1951, 2. Auflage)

Er leitet seine Aussagen zum Unterrichtsgespräch von allgemeinen Aussagen über das Gespräch her. Die "Geschlossenheit mehrerer Sprechender, die Einheit der Zwiesprache, das wechselweise Sprechen (und Hören) auf Grund gewisser letztlich übereinstimmender Annahmen bilden das Wesen des Gesprächs"(Vgl. Bögl : 18).

Dann grenzt er das Unterrichtsgespräch vom Lehrgespräch ab. Das

Lehrgespräch sei Lehrerarbeit, gehe vom Stoff aus, sei synthetisch, sei eine autoritative Form schulischer Anforderungen, sei eine individualpädagogische Maßnahme.

Das Unterrichtsgespräch dagegen sei hauptsächlich Schülerarbeit, ohne daß der Lehrer völlig ausgeschaltet sei, es gehe vom Kind und seiner Umwelt aus, sei analytisch; es sei getragen von kindlicher Spontaneität und auf Gemeinschaftserziehung eingestellt (ebd. : 19). Der Gesprächsstoff soll nicht von außen an das Kind herangeschoben werden, sondern soll im Bereich der kindlichen Vorstellungswelt liegen (ebd. : 20f).

Demzufolge muß der Lehrende Befugnisse abgeben: "Der Lehrer soll nicht mehr der einzige und ständige Fixpunkt der Klasse sein (...). Die Schüler sollen auch zueinander sprechen, einander fragen und antworten. In dieses gemeinsame Gespräch sollen sich die Fragen des Lehrers einfügen" (ebd. : 26).

Neben dem Verlust der Dominanz in der Gesprächsführung hat sich auch die Einstellung des Lehrers zu den Schülern zu ändern: "Höflichkeit und Takt sind Forderungen, die der Lehrer auch gegenüber den Schülern erfüllen muß".

Zum Erziehungsziel gehört das Recht auf Meinungsfreiheit: "Die Bildung einer eigenen Meinung zu fördern, der Mut zur Vertretung einer abweichenden Auffassung ist zu stärken". Bögl verlangt bereits, daß die Problematik dem Lebensbereich des Schülers zu entnehmen ist, daß das Problem im Bereich kindlicher Vorstellungen liegt.

Daneben tritt der Lehrer im Unterrichtsgespräch zurück und überläßt das Terrain weitgehend den Schülern, wenn Bögl auch hinzufügt: "Seine Stellung sei nur unmerklich eine leitende". Trotzdem wird die Autorität des Lehrenden eingeschränkt, Gründe für diese Maßnahmen werden allerdings nicht genannt. Die Sprechsituationen werden nicht automatisch symmetrisch, doch die Forderung nach Höflichkeit gegenüber den Schülern weist den Weg zu einer sozialintegrativen Grundhaltung des Lehrenden und der Schüler. Bedenklich bleibt, daß es keine eindeutigen Regeln gibt, die die

*Durchführung der Forderungen nach Gleichberechtigung gewähr-
leisten könnten.*

Hans Leuthold: Unterrichtsgespräch (1951)

Hans Leuthold grenzt in einem Artikel für das 'Lexikon der Pädagogik'
das Unterrichtsgespräch vom Lehrgespräch ab, das vorwiegend durch
Lehrerfragen und Schülerantworten gestaltet wird.

"Als Unterrichtsgespräch bezeichnet man heute ein geordnetes, vom
Lehrer zurückhaltend geleitetes Gespräch der Schüler, in dem diese
die Hauptarbeit leisten. Es unterscheidet sich von den ähnlichen
Alltagsgesprächen durch den Unterrichtszweck, den planvollen Aufbau, die Überwachung durch einen Leiter (Lehrer) und wohl auch
durch die gepflegtere Sprache" (Leuthold, 1951 : 821).

Das gebundene Unterrichtsgespräch wird als eine streng entwickelnde Lehrform, die vom Lehrer durch Impulse, Hinweise, Befehle und
Aufgaben beherrscht wird, betrachtet.

Das freie Unterrichtsgespräch gestattet den Schülern, das Gespräch
selbst zu führen. Dieses wiederum wird vom "Schülergespräch"
abgegrenzt, nach dem nur solche Gespräche benannt werden sollen,
die völlig freie Gespräche unter Schülern darstellen. Das Unterrichtsgespräch sollte im Kreis oder Halbkreis stattfinden. Der Lehrer sollte
sich auf die Erteilung des Wortes beschränken. Die Schüler sollten
den Gang des Gesprächs selbst gestalten. Der Lehrer sollte zwar
innerlich mitgehen, aber nur in Notfällen eingreifen. Zu Beginn des
Gesprächs müsse den Schülern das Ziel klar sein (ebd. : 822).

Als Voraussetzungen des Unterrichtsgesprächs nennt Leuthold eine
"disziplinierte Klasse" und ein Vertrauensverhältnis zwischen Lehrer
und Schülern. Die Klasse müßte erst in das Unterrichtsgespräch
eingeschult werden. Nach den ersten "wirklichen" Gesprächen sollte
die Klasse mit dem Lehrer die wichtigsten Gesprächsregeln zusam-
menstellen.

Die Tatsache der Lehrerbestimmtheit von Thema und Ziel des 'freien' Unterrichtsgesprächs rückt diesen Ansatz in den Bereich des verlaufoffenen Lehrgesprächs.

Das gemeinsame Erstellen der Gesprächsregeln weist auf die Einführung von Mitbestimmungsmöglichkeiten der Schüler hin. Die Schüler werden somit als Partner gesehen, denen Rechte einzuräumen sind. Für ein Schülergespräch ist dieses 'freie' Unterrichtsgespräch zu dirigistisch. Bergen doch gerade die Eingriffsmöglichkeiten des Lehrers die Gefahr, daß der Lehrer immer wieder die Bewegungsfreiheit der Schüler nach eigenem Ermessen eingrenzt, indem er bereits das geringste Abweichen vom Lösungsweg als "Notfall" auslegt.

Auch ansonsten erscheinen die Sprechsituationen dieses 'freien' Unterrichtsgesprächs weniger symmetrisch als dies auf den ersten Blick den Anschein hat. Die Vorschläge zur Durchführung des Gesprächs werden theoretisch nicht fundiert.

Kumetat: Pflege der Gesprächsformen in der Schule (1957) Kumetat: Gesprächsführung in den Situationen des Jenaplans (1965)

Er geht aus von der Entwicklung des Kindes und der "natürlichen" Situation der Schule. Das Kind würde Eindrücke aufnehmen, die es anderen, "der Klassengemeinschaft" mitteilen möchte. Man müßte aber warten, bis der Ausdruck herangereift sei, und das Kind sich äußere. "Für die Schule folgt: 1. Es muß ein Eindruck vorhanden sein. 2. Es muß eine Gemeinschaft da sein, der man sich mitteilen und mit der man überlegen möchte" (Kumetat, 1957 : 125).

Für den Lehrer heißt das, daß er den rechten Augenblick und einen guten Anlaß finden muß. Mit zunehmender, realistischer Objektbezogenheit und "der aufrechten Fragehaltung" etwa im dritten Schuljahr entwickelt sich ein "wirkliches Gespräch". Als Ziel der "natürlichen" Situation 'Schule' nennt er: "Eine Gemeinschaft arbeitet miteinander und füreinander in gegenseitiger Achtung um der Sache willen, um die

Welt und das, was hinter ihr steht, daß sich jeder Einzelne nach dem
in ihm angelegten Plan entfalten kann" (ebd. : 126).

Im Mittelpunkt seines Unterrichtsgesprächs steht "eine Sache, ein
Versuch, ein Kunstwerk, ein Sprachwerk". Das Unterrichtsgespräch
stellt sich Kumetat so vor: Der Lehrer gibt einen Impuls. Die Schüler
äußern sich spontan zu einem Gegenstand. Sie sind daran gewöhnt,
einander ausreden zu lassen. Der Lehrer hält sich zurück. "Er greift
ein, wenn er gefragt wird, wenn etwas Unrichtiges oder Unklares
unbedingt geklärt werden oder wenn er eine Kinderfrage unterstrei-
chen kann, daß er damit dem Gesprächsverlauf eine günstige Richtung
geben kann"(ebd. : 127). Spontane Kritik im Anschluß, ob am Gespräch oder den Partnern, soll nicht unterdrückt werden.

Kumetat wünscht sich Gespräche als "Arbeits- und Besinnungsform"
und im Anschluß an Lesestücke. Die Sitzordnung sollte kreisförmig
sein. Der Lehrer sollte die Ausdrucksweise der Schüler während des
Gesprächs nicht verbessern.

Kumetat 1965

Kumetat hat in seinem Aufsatz aus dem Jahr 1965 als Ausgangspunkt
gewählt: das Gespräch allgemein, eine Theorie des Gesprächs und die
Unterrichtssituationen des Jenaplans.

Seine Gesprächstheorie beschäftigt sich mit den Wesensmerkmalen
des Gesprächs. "Bei einer Sachbegegnung ist die Suche nach dem
Aufbau des Gegenstandes, seiner Funktion und seinem Sinn das
Anliegen der mündlichen Auseinandersetzung. Dabei ist das Gesprächsziel nicht immer zu Beginn des Gesprächs schon scharf umrissen. Das Ergebnis ist unbekannt. Der Weg, den das Gespräch nimmt,
ist nicht festlegbar, er ist völlig offen (...). Jeder hat die gleichen Rechte
und Pflichten, solange er dem Gesprächskreis angehört" (Kumetat,
1965 : 83).

Von dieser Art des Gesprächs grenzt er das Lehrgespräch ab, bei dem
"aktive Teilnahme am gemeinsamen Sprechen erzwungen" wird, und
dessen Richtung und Verlauf in allen seinen Phasen gelenkt wird (ebd.

:84). Kumetat begründet die Berechtigung des Gesprächs in der Schule, mit der Notwendigkeit und Ubiquität des Gesprächs. Da das Leben der Menschen ohne Gespräch nicht denkbar sei, und es "die erste Form (sei), in der Menschen miteinander tätig werden, nehme es auch in der Schule eine wichtige Stellung ein. Eine Schule, die dies nicht berücksichtige, vermindere auch ihren Lernerfolg, da es in ihrem Unterricht selten zu einem "natürlichen Lernvorgang" und zu "exemplarischen Lernen" kommen würde.

Die besondere Forderung der Jenaplan - Schule nach der Vermittlung von "Bewußtheiten, Kenntnissen und Fertigkeiten" und nach der Existenz eines 'Gruppenlebens', "in dem jeder nach dem Maß seiner Reife und Mündigkeit frei verantwortlich tätig sein kann", verlangt nach einer neueren Form des Miteinander - Sprechens (ebd. : 85).

Für die Unterrichtsgespräche stellt Kumetat folgende Kennzeichen zusammen:
" 1.) Ob das Gespräch sachlich ist und zusammenhängende Denkvorgänge festzustellen sind (Gesetz der Sache),
2.) Ob es partnerschaftlich ist, und die Person des einzelnen ganz anerkennt (Gesetz der Gruppe),
3.) Ob das Gespräch zu Ergebnissen(Kenntnissen, Begriffsklärungen, Erkenntnissen) führt und ob es kräftebildend und erziehend wirkt" (ebd. : 86)

Der Lehrende solle sich im Unterrichtsgespräch zurückhalten und die Schüler auch Umwege gehen lassen, denn es sei "erfolglos, seine Ziele auf dem kürzesten Weg und aus 'seiner' Weltsicht zu vermitteln"(ebd. : 90). Der Lehrer solle nur Hilfen geben an Stellen und in Formen, die ihm aus "gesamtgesellschaftlicher Verantwortung" geboten scheinen. "Die Schritte und Teilschritte bestimmt er nicht" (ebd. : 94).

Gesprächsregeln will er nicht aufstellen, der Lehrer solle bestrebt sein, sich möglichst überflüssig zu machen, müsse aber in jeden Einzelfall aus pädagogischer Verantwortung entscheiden. Überraschend ist es dann aber doch, wenn Kumetat sein Version des Unterrichtsgesprächs aufteilt in Situationen, die eine "indirekte" oder eine "direkte Führung" erfordern. "Indirekte Führung" erfolge über Verordnungen (Sitzweise in Kreisform, Bereitstellen der Sache). Direkte Führung sei immer dann nötig, wenn es die pädagogische Situation verlange. Für diesen Fall sieht er Verhaltenshinweise für den Lehrer vor, die diesem das Eingreifen in den Gesprächsverlauf und die inhaltliche Lenkung gestatten.

Kumetat bemüht sich, die praktischen Anleitungen zum Unterrichtsgespräch aus seinen theoretischen Überlegungen herzuleiten. In seinem Beitrag von 1957 gelangt er durch den Vergleich der Erfordernisse der Kindheitsentwicklung mit den Besonderheiten der Schule zu seiner Vorstellung von Unterrichtsgespräch.

In seinem Aufsatz von 1965 knüpft er an Bedingungen des Jenaplans und an Wesensmerkmalen des Gesprächs an. Leider bleiben in beiden Aufsätzen die Aussagen zur Gestaltung des Unterrichtsgesprächs recht vage. Sie weichen, werden sie konkret, sogar erheblich von seinen theoretischen Einsichten ab. Er stellt in seinem 65er Ansatz fest, daß das Gesprächsergebnis offen sein solle, und deshalb ein Weg nicht festlegbar ist. Folglich bleibt der Verlauf von Gesprächen offen, die Schüler bestimmen mit. Die Schülerorientierung wird jedoch abgeschwächt, wenn Kumetat dem Lehrenden die Hintertür der 'pädagogischen Situation' offen läßt. Es bleibt infolgedessen der Interpretation des Lehrenden überlassen, wann er gesprächslenkend eingreifen will. Immerhin läßt Kumetat Kritik und Reflexionsmöglichkeiten über den Gesprächsverlauf zu, Inhalte und Ziele fallen aber in die Planungskompetenz des Lehrenden.

Hans Aebli: Grundformen des Lernens (1961)

Aebli unterscheidet "Lehrerfrage" und "fragelosen Unterricht". Er weist die aus der reformpädagogischen Sicht Gaudigs gemachten Einwände gegen die "Lehrerfrage zurück und betont die "natürliche Erkenntnissituation" eines fragend - entwickelnden Unterrichtsverfahrens (Aebli, 1961 : 139 - 142). Er stellt klar, daß die Aufforderung sich von einer Frage nicht unterscheide, da sie dem Schüler dieselbe Hilfe bietet (ebd. : 143). Als Ziel eines jeden Unterrichts verlangt er, den Schüler "geistig selbständig" zu machen (ebd. :145). Dieses Ziel geistiger Mündigkeit sieht er im "fragelosen Unterricht" realisierbar. Allerdings glaubt er, daß die Abhängigkeit des Schülers vom Lehrer eine notwendige Vorstufe jenes Endzustandes sei, in dem der Schüler geistig mündig wird. "Denn im Zustand der geistigen Abhängigkeit vom Erzieher und in der Anhänglichkeit zu ihm übernimmt es (das Kind - Anm.d.Verf.) jene Haltungen und Verhaltensweisen, die es reif und erwachsen machen und die es befähigen, seine Lebensaufgabe zu meistern" (ebd. : 149).

Der "geführte Unterricht" würde dort an seine Grenze stoßen, wo der Schüler befähigt werden soll, "seine Begriffe und Denkoperationen vor neuen Gegenständen und Poblemen selbständig anzuwenden" (ebd. : 150).

Die neuen Formen dienen lediglich dazu, bereits vorhandene Erkenntnisse bei den Schülern zu aktivieren und ihnen Anwendungsmöglichkeiten zu geben. Das Ziel der "geistigen Mündigkeit" und die Einschränkung des "fragelosen Unterrichts" auf das Gebiet der Anwendung vorhandenen Wissens könnten Klärungsprozesse im Sinne eines Schülergesprächs möglich machen. Aebli macht nur geringe Ausführungen zum Unterrichtsgespräch, da er es für nur eine mögliche Arbeitsform hält.

Ernst Meyer: Gruppenunterricht (1964, 4. Auflage)

Die Situation des Gespräch sei immer eine soziale Lern- und Erfahrungssituation, bei der es vornehmlich um "gemeinsame Auseinandersetzung" und das "Tolerieren aller durch alle" gehe. Die "Hinwendung aller Zueinander" sei eine der weiteren Voraussetzungen für das Zustandekommen eines Gesprächs.

Der Gesprächsleiter brauche kein souveräner Führer zu sein, doch, wenn der Lehrer Gesprächsleiter sei, dürfe es "keine mißverstandene, gleichschaltende Partnerschaft" geben (Meyer, 1964 : 95). Gegenseitiges Kennen, lebhaftes Interesse am Gegenstand, Wort- und Geistesgewandtheit seien Fähigkeiten, die die Gesprächspartner besitzen sollten.

Die Aufgaben des Lehrers in seiner Form des Unterrichtsgesprächs beschreibt Meyer wie folgt:
- Der Lehrer muß Vertrauen erwecken, den Schülern das Gefühl der "Zusammengehörigkeit" vermitteln.
- Er muß dazu beitragen, daß die Schüler ihre Scheu überwinden.
- Er muß darauf achten, daß die Schüler andere Kinder fragen, muß sie an selbständige Fragen gewöhnen.
- Vor allem muß er Geduld aufbringen und warten können (ebd. : 95f).

Meyer teilt dem Lehrer die Aufgabe zu, "spontane Mitteilungen" zu ordnen, den Unterricht zu planen, doch so, daß die Schüler an der Planung teilnehmen und sie verstehen können. Wie Aebli läßt sich Meyer nur schwer einer Konzeptionsart des Unterrichtsgesprächs zuordnen.

Seine Äußerungen bleiben auslegbar, sie liefern keine eindeutige Handhabe zur praktischen Durchführung von Unterrichtsgesprächen. Eine Legitimation seines Ansatzes im Rahmen einer wissenschaftlichen Theorie oder einer philosophischen Herleitung erfolgt nicht. Sein Ansatz wird dem verlaufoffenen Lehrgespräch zugeteilt, weil seine Hinweise das Lehrgespräch eindeutig ausschließen.

Karl Graucob: Mündliches und schriftliches Darstellen im Deutschunterricht (1966, 3. Auflage)
Karl Graucob: Der muttersprachliche Unterricht in der Grundschule (1973, 8. Auflage);

Graucob 1966

"Wichtigste Vorbedingung für sprachliches Gestalten überhaupt ist das Zuhören" (Graucob, 1966 : 2). Im Vergleich zu anderen Autoren hat Graucob seine Auffassung aus einer gewissen dialogischen Grundeinstellung heraus entwickelt. Aus der partnerschaftlichen Einstellung beim Zuhören erwachse die Erwiderung oder die Frage und damit das Gespräch. Das Gespräch gehört bei Graucob zu den 'Grundformen des Sprachschaffens' im Unterricht. Es steht neben Bericht, neben der

Beschreibung, der Schilderung, der Erzählung und neben der Erörterung.

Das Schwergewicht liegt bei ihm zweifellos auf dem schriftlichen Sektor. Die erste Stufe im 5. Schuljahr umfaßt Frage-, Antwort- und Gesprächsspiele, die der Lebenswirklichkeit entnommen sein sollen (ebd. : 34f). Außer dem gespielten Gespräch soll auch das "reale" Gespräch mit "wirklicher Problemstellung in der Schule gepflegt werden (ebd. : 38).

Im Bereich des Unterrichts unterscheidet er "Rund- und Streitgespräch". Es geht in beiden "um die gemeinsame Orientierung über einen noch fraglichen oder strittigen Sach- oder Wertbereich". Beim Rundgespräch sei die 'Problemlösung' unbekannt. Die Schüler sollen im Halbkreis sitzen. Der Lehrer umreißt das Thema und hält sich aus dem Gespräch heraus (ebd. : 39).

"Wichtig ist vor allem, daß jeder sich der Verpflichtung bewußt bleibt, sich allen Teilnehmern möglichst völlig verständlich zu machen, wozu äußere Sprechzucht (gute Lautbildung, ausdrucksvolles Sprechen), sorgfältige Wortwahl und klarer, übersichtlicher Satzbau nötig sind" (ebd.).

Damit übernimmt Graucob eine reduktionistische Auffassung von Sprecherziehung, die Gesprächserziehung dann auf isolierte Lautbildungs- und/oder Sprechausdrucksübungen verkürzen kann.

Karl Graucob (1973)

"Das Gespräch als kindliche Ausdrucksform" steht im muttersprachlichen Unterricht der Grundschule nach dem Willen Graucobs in einer Reihe mit "Erzählen", mit "Berichten und Beschreiben", mit "Lesen und Sprecherziehung", wobei Sprecherziehung mehr oder weniger auf Rechtlautung und richtiges Sprechen reduziert wird, sowie als weitere Oberbereiche: "Sprachbetrachtung" und "Rechtschreibung". Am Anfang der Spracherziehung steht für ihn die "Erziehung des Kindes zur Gesprächsgemeinschaft" (Graucob, 1973 : 7). Er beruft sich in diesem Teil weitgehend auf Erika Essen (Methodik des

Deutschunterrichts) und betont unter Berufung auf sie die Vorbild-funktion des Lehrers.

Die Übung des Gesprächs erfolgt im kleinen Kreis, in kleinen Grup-pen und in der Form von Gesprächsspielen. Ziel ist eine "rechte Gesprächshaltung". Die Kinder würden sich in diesen Spielen auf die Partner einstellen und auch Anregungen der Mitschüler aufnehmen (ebd. : 8f). Der Sinn des Gesprächsspiels besteht in der Befähigung "zum echten Gespräch im Klassenunterricht".

Die Durchführung von "Ernstgesprächen" belebe und fördere den Sachunterricht. Zunächst diskutieren einige Schüler vor der Klasse als Zuhörerschaft. Der Lehrer sorgt dafür, "daß die Beteiligten bei der Sache bleiben und ein Ergebnis zustande kommt" (12f). Die Dauer für solche Kleingruppengespräche legt er auf drei bis fünf Minuten fest. Im 3. und 4. Schuljahr sollte das Gespräch in der Gesamtklasse zur Gewohnheit geworden sein.

Das Gespräch "ist kein didaktisch - methodisches Allheilmittel", denn nicht jeder Unterrichtsgegenstand eigne sich "für eine Entfaltung und Klärung im Gespräch". Es dürfe unter keinen Umständen den Lehrer-vortrag, die Erzählung, die entwickelnde Darstellung verdrängen.

Als Voraussetzung des Gespräch bezeichnet er den 'Gesamteindruck', eine Gesamtanschauung des zu erkennenden, zu durchdringenden Vorgangs oder Gegenstands bei allen oder den meisten Kindern (ebd. : 13). Der Lehrer soll sich im Gesprächsverlauf zurückhalten und nur eingreifen, "um Teilergebnisse festzuhalten oder Anstoß zu geben".

"Gepflogenheiten und Sitten, die für das Gedeihen jedes Gesprächs" wesentlich sein sollten, sollen den Kindern früh zur Gewohnheit werden: Im 2. und 3. Schuljahr - Nicht ins Wort fallen, ausreden lassen, Orientierung auf die ganze Gesprächsrunde. 4. Schuljahr: Nicht lange reden, mit "einem Gedankengang" begnügen, bei der Sache bleiben, höflich sein, "eine andere Auffassung am besten (...) in die Form einer Frage kleiden".

Das Unterrichtsgespräch dürfe nicht zu lange ausgedehnt werden und müsse zu einem "Ertrag" führen (ebd. : 15). Dieser Ertrag sollte "wegen seines bildenden und belehrenden Gehalts" noch einmal ausdrücklich und einprägsam formuliert und schriftlich festgehalten werden.

Graucobs Konzeption bezieht also Grund - und Hauptschule in die Gesprächserziehung ein, sein Modell berücksichtigt sogar einzelne Klassenstufen. Leider erkennt er dem Gespräch keinen Bildungswert zu. Es bedeutet für ihn nur eine Vorstufe zum schriftlichen Gestalten und steht als eine Grundform des sogenannten Sprachschaffens nur neben anderen.

In der Volksschuloberstufe wird dem 'gespielten Gespräch' als einer Vorbereitung auf das 'echte Gespräch' sehr breiter Raum eingeräumt. Einerseits soll der Lehrer sich bei der Problemlösung zurückhalten, andererseits soll er doch auf die 'äußere Sprechzucht' achten. Damit aber würde der Gesprächsverlauf ständig durch Lautkorrekturen des Lehrer unterbrochen. Sprachlich und sprecherisch schwache Schüler würden durch die Auflage der 'guten Lautbildung', des 'ausdrucksvollen Sprechens', der 'sorgfältigen Wortwahl' und des 'klaren, übersichtlichen Satzbaus' eingeschüchtert. Die Konzeption läuft damit Gefahr, Sprach- und Sprechbarrieren aufzubauen, statt zu deren Überwindung beizutragen. Anstatt unter anderen Sprechrollen den Schülern Raum für gelöste Spontaneität zu geben, werden den Schülern im 'gespielten Gespräch' Äußerungen im Rahmen von 'Drehbüchern' zugeschrieben. Die Tatsache, daß solche 'Drehbücher' geschrieben werden müssen, berechtigt zum Vorwurf der Bevorzugung des 'schriftlichen Sprachschaffens'.

Die Konzeption für die Grundschule ist dagegen offener. Den Schülern wird kein Text für fremde Sprechrollen antrainiert, sondern die Vorbereitung erfolgt über Kleingruppengespräche. Für die Schüler bedeutet es eine Herausforderung, Kleingruppengespräche vor der gesamten Klasse zu führen.

Das Ziel dieser "Unterrichtsgesprächs" ist neben der "rechten Gesprächshaltung", die nicht näher erläutert wird, ein "Ertrag". Dieser Ertrag wird allerdings vom Lehrer angesteuert, obwohl er doch nicht in den Gesprächsverlauf eingreifen soll. Er lenkt aber insofern, als er Teilergebnisse festhalten soll und damit ein Mittel erhält, durch die Art seiner Zusammenfassung das Gespräch weiter inhaltlich zu

68

steuern. *Da der 'Ertrag' "ausdrücklich" und "einprägsam" formuliert werden muß, ist anzunehmen, daß der Lehrende ihn schon vorher als Ergebnis vorformuliert. Aufgrund einer gewissen Offenheit gegenüber der Mitwirkung der Schüler kann Graucob trotzdem eher den "verlaufoffenen Lehrgesprächs" - Ansätzen zugeordnet werden.*

Hans - Dieter Göldner: Planmäßige Pflege des Unterrichtsgesprächs (1971)

Göldner meint, das Unterrichtsgespräch sei ein Widerspruch in sich, weil Unterricht sich auf einen vorbedachten Plan stütze und nun einmal 'geführt' würde. Das Gespräch verlaufe ohne Plan und sei gesteuert durch die spontanen Aussagen der gleichberechtigten Partner (Göldner, 1971 : 298). Als Unterrichtsgespräch im engeren Sinne bezeichnet er "alle Formen des Miteinander - Sprechens, die sich zwischen dem vom Lehrer thematisch geplanten, zurückhaltend gelenkten und dem thematisch freien, vorwiegend von den Schülern geführten Unterrichtsgespräch bewegen(ebd. : 299). Das Lehrgespräch läßt er unberücksichtigt, da dieses streng genommen kein Gespräch sei. Das Unterrichtsgespräch diene nicht nur zur Erreichung des "unmittelbaren Unterrichtserfolgs", vielmehr gelängen in ihm "die persönlichkeits- und gemeinschaftsbildenden Kräfte zur Wirkung" (ebd).

Die Kennzeichen des 'echten' Gesprächs werden von ihm erfaßt. Danach geht er auf die Bedeutung des Unterrichtsgesprächs für Unterricht und Erziehung ein. Diese Bedeutung liege darin, daß der Lernende im Unterrichtsgespräch weitaus größere Chancen habe, Neues zu erfassen, da Sachzusammenhänge sprachlich wiedergegeben werden können. Die Schüler würden gezwungen, Meinungen, Vorstellung und Gedanken verständlich auszudrücken. Neben der Übung zur Ausdrucksfähigkeit könnten sie sich Urteilsfähigkeit und Selbständigkeit im Denken aneignen.

Daneben betont Göldner die gemeinschaftsfördernden Kräfte: Jeder einzelne Gesprächsteilnehmer sei für das Gelingen des Unterrichtsgesprächs mitverantwortlich. Toleranz und Mäßigung gegenüber Andersdenkenden, Rücksichtnahme gegenüber Schwächeren und Unbeholfenen, Einfühlungsvermögen, Takt, Ritterlichkeit, Selbstbeherrschung, Kameradschaftlichkeit, das Einordnen in die größere Gemeinschaft würden angebahnt und eingeübt (ebd. : 300f).

Im Anschluß an den theoretischen Teil gibt er Ratschläge zur "planmäßigen Pflege des Unterrichtsgesprächs". Als Voraussetzung bedürfe es Gesprächsanlässe, die innere Bedürfnisse wecken würden. Die innere Zuwendung zum Partner sollte durch eine geeignete Sitzordnung unterstützt werden. Der Gesprächsablauf, insbesondere die Worterteilung sollte geregelt sein (ebd. : 302). Die Partner bräuchten daneben "gleiche Wissensgrundlagen". Das Gespräch sollte in einer vertrauensvollen Atmosphäre stattfinden. Sprachliche Ausdrucksfähigkeit sei ebenfalls nötig, da ja die Gedanken verständlich mitgeteilt werden sollten. Der Lehrer müsse sich zurückhalten und durch Anregungen, Fragen und Ergänzungen die Schüler ermutigen.

Daraus leitet Göldner Maßnahmen zur Förderung des Unterrichtsgesprächs ab: Der Lehrer solle die bereits erwähnte vertrauensvolle Atmosphäre schaffen, Kreis- oder Hufeisenform als Sitzordnung einführen. Bei der Gesprächsregelung solle der Lehrer sich ebenso wie die Schüler melden. Die Schüler sollten das Wort selbst weitergeben.

Der Lehrer müsse die Gesprächsanlässe schaffen und sich während des Gesprächsverlaufs der Zurückhaltung und der Selbstbeherrschung befleißigen (ebd. : 302f). Die Aufmerksamkeit der Schüler müsse sich auf die Schüler verlagern. Als wirksames Mittel bezeichnet er das Streit- und Rollenspiel. Die Technik der Gesprächsleitung durch den Lehrer beschränkt er auf ermutigende und aufmunternde, aufhelfende und stützende und auf direkte gesprächserzieherische Eingriffe (ebd. : 306).

Mit diesen Ratschlägen spricht er sich für das vom Lehrer thematisch geplante, zurückhaltend gelenkte Unterrichtsgespräch aus, nachdem er in seinen theoretischen Erwägungen die thematisch geplanten von den thematisch freien, vorwiegend von Schülern geführten Unterrichtsgesprächen getrennt hatte. Im letzteren sollten Schüler Thema und Verlauf bestimmen, das Ergebnis sollte offen sein (ebd. : 300).

Göldner gelingt es, seine Vorschläge zur Gesprächsführung aus übergeordneten Überlegungen herzuleiten. Dabei geht er von der Annahme aus, daß Unterricht und Gespräch von der Zielsetzung her kontrovers angelegt seien.

Dem Unterrichtsgespräch mißt er aus 'sprach'erzieherischen und erzieherischen Gesichtspunkten große Bedeutung bei. Partnerschaftliche Aspekte im Unterrichtsgespräch sind stark betont. Er begründet sie mit dem Wesensmerkmal der Gleichberechtigung der Partner im Gespräch .

Dieser fast schon emanzipatorische Ansatz wird stark relativiert, wenn Göldner in seinen Vorschlägen zur Unterrichtsgesprächs - Praxis die dominierende Rolle des Lehrers hervorhebt: Der Lehrer sorgt für Gesprächsanlässe, beeinflußt den Verlauf und lenkt auf ein Ziel hin.

Unter dieser Dominanz des Lehrenden kann auch in der Kreisform keine Hinwendung der Schüler zueinander entstehen. Auch Ermutigungen seitens des Lehrers können asymmetrische Sprechsituationen nicht überwinden.

Die Abgabe der Gesprächsleiterfunktion ist nicht mit einem Funktionsverlust verbunden: durch die verbleibenden Eingriffsmöglichkeiten bleiben die Schüler leiterorientiert. Das Frage- und Bewertungsrecht bleiben beim Lehrenden.

Diese umfassende Konzeption kann daher stellvertretend für den Gesamtansatz des verlaufoffenen Lehrgesprächs stehen, da das Gespräch eben an einem Ziel ausgerichtet und vom Thema her bestimmt wird. Das heißt, der Lehrende ist irgendwann gezwungen, die Schüler in Richtung des von ihm gedachten Ziels zu lenken.

Trotz dieser Kritik verdient der Göldnersche Ansatz zum Unterrichtsgespräch großen Respekt, da er bei aller Vorsicht in Übereinstimmung mit seinen 'gesprächstheoretischen' Erarbeitungen nach angemessener praktischer Umsetzung sucht.

Erika Essen: Praxis der Differenzierung im Deutschunterricht (1973)

Erika Essen sieht eine phasenweise Vorbereitung auf das Gespräch im 5. und 6. Schuljahr vor. In der ersten Phase sollten sich die Kinder auf ihre Umwelt konzentrieren. Der Lehrer solle sie anregen, sich umzusehen. Er solle Sprechkontakte herstellen und die Kinder ins Gespräch ziehen (Essen, 1973 : 17).

Die zweite Phase bezeichnet sie als "Partnerorientierung". Der Lehrer habe die Aufmerksamkeit auf die Gesprächspartner zu lenken. Er selbst solle Mitglied der Gruppe werden, eigenes Interesse bekunden, Gespräche zwischen einzelnen herstellen, immer mehr Kinder einbeziehen.

Dieser Vorgang des Miteinandersprechens soll in der dritten Gesprächsphase reflektiert werden. Der Lehrer soll zur Besinnung auffordern (ebd. : 18 - 20).

Die vierte Phase greift aus in den Bereich des Planens, des Diskutierens und des Entscheidens. "Ansätze für Gespräche dieser Art ergeben sich im Unterrichtsablauf immer dann, wenn während der gemeinsamen Arbeit Situationen entstehen, in denen der weitere Arbeitsverlauf überlegt und geplant werden muß. Vorschläge werden vorgebracht und diskutiert, eine Entscheidung muß getroffen werden. Eine solche Situation greift der Lehrer auf, gibt Spielraum für ihre Entfaltung und beobachtet sie als Sprechsituation im Hinblick auf das Sprachverhalten der Kinder"(ebd. : 20).

In der fünften Phase (Entwerfen und Gestalten) wird die Klasse in Teilgruppen aufgeteilt, da möglichst alle Schüler am Entwerfen und Gestalten beteiligt werden sollen. Die Schüler, die wenig in der vorangegangenen Phase gesprochen haben, werden zusammen mit dem Lehrer in eine Gruppe zusammengefaßt, wo jedem einzelnen der Kinder das "Gefühl der Sicherheit in der Gemeinschaft" vermittelt werden soll (ebd. : 21f). Der Lehrer kann dann feststellen, ob die Kinder zufällig während der anderen Gesprächsphasen im Hintergrund bleiben, oder ob Hemmungen oder Schwächen Schüler kontaktscheu machen.

Essen versucht anschließend Kriterien für die Beurteilung der Gesprächsteilnehmers aufzustellen:
- Sprechfreudigkeit,
- Sprachunlust,
- übermäßiges Sprechbedürfnis,
- Gesprächsoffenheit,
- Neigung zur Gesprächsoffenheit,
- Zurückhaltung, Vordrängen (ebd. : 53).

Sie teilt im Rahmen der Differenzierung des Deutschunterrichts das Arbeitsfeld des Deutschunterrichts in 10 Bereiche auf.

Ein Arbeitsbereich bezieht sich auf das Gespräch:

"1. Arbeitsbereich: Teilnahme und Teilhabe am Gespräch
   Gesprächsaufzeichnung, Gesprächswiedergabe.

   1. Partneranrede

   2. Zuhören, Verstehen

   3. Fragen stellen

   4. Darstellen

   a. die Sache

   b. den eigenen Eindruck, die eigene Auffassung, Meinung

   c. den eigenen Standpunkt

   5. Antworten

   a. einem Partner (...)

   6. Beziehungen im Gespräch erkennen und aufweisen

   7. Gesichtspunkte im Gespräch erkennen und aufweisen

   8. Fragestellungen (Problemstellungen) herausarbeiten und
      formulieren

   9. Ergebnisse feststellen

   10.Ergebnisse in Beziehung zueinander setzen

   11.Offene Fragen stellen und festhalten

   12.Aufgaben zur Gewinnung weiterer Grundlagen und Auskünfte
      für eine Fortsetzung des Gesprächs erkennen und aufstellen

13. Mitwirkung an der Gesprächsplanung während des
Gesprächsverlaufs

14. Gesprächsleitung

15. Notieren (...)

16. Notizen verarbeiten" (ebd. : 107f).

Dieser Lernziel- und Beurteilungskatalog bezieht sich also auf den Aufbau von Gesprächsfähigkeiten, wobei Essen auf Sach- und Partnerbezug achtet.

Davon distanziert zu sehen, sind die von ihr erwähnten sechs Unterrichtsformen, bei denen das Gespräch als Mittel eine Rolle spielt.

1. Kooperatives Arbeitsgespräch

2. Entwickelndes Unterrichtsgespräch

3. Vortrag

4. Aufgliederung - Integration

5. Selbständige Einzelarbeit

6. Üben

Unterricht sei allgemein zu bestimmen als Sprechsituation. "Das gilt - von einigen Ausnahmen abgesehen - für alle Bereiche, Stufen und Zielrichtungen, da das Unterrichtsgespräch grundsätzlich angelegt ist als Handeln im Sprechfeld, als sprachlicher Austausch einander ansprechender Partner (ebd. : 109).

Die Aufgaben des Lehrers beständen darin, vor allem das Schweigen zu brechen, die Sprechpartner "zum Einsprung in die Sprechsituation" zu bewegen, "Anreize zu geben", "Spielräume zu schaffen" (ebd. : 86).

Für das "kooperative Arbeitsgespräch" sieht sie den wechselnden Austausch der Rollen und die wechselnde Verteilung der Funktionen vor, die "den natürlichen Formen des Austauschs im alltäglichen Sprachumgang" entsprechen. Bei den Schülern sei für diese Form des Unterrichtsgesprächs die Fähigkeit und Bereitschaft zu "allen Formen des sprachlichen Handelns" vorauszusetzen.

In einem vielfältig wechselnden Spiel der Beziehungen und Spannungen im Gesprächsfeld würden die wechselnden Situationen vom einzelnen Schüler Antwort, Frage, Darstellung, Zuhören und Verstehen, Anregung, Aufmerksamkeit für den Gesprächsverlauf selbst und Zugriff zur Gesprächsordnung verlangen. Die Mitarbeit würde ihnen eigene Initiative und situationsoffene Entschlußkraft abverlangen (ebd. : 87).

Der Lehrer hätte jeden einzelnen Schüler zu fördern und bewußtes Gesprächsverhalten herauszubilden. "Vor allem wird er dafür sorgen, daß Rollen und Funktionen im Spiel zwischen den Beteiligten austauschbar bleiben, im besonderen, daß die Funktionen des Fragens, des Aufforderns, der Gesprächsanregung und - ordnung mit zunehmender Selbstverständlichkeit von den Schülern übernommen werden, so daß der Lehrer die Rolle des Sprechers allmählich mehr und mehr mit der des Zuhörenden, Angesprochenen vertauschen kann, um seine Funktion im Reagieren auf Fragen und Ansprechen wahrzunehmen" (ebd. : 88).

Davon trennt sie das "entwickelnde Unterrichtsgespräch", das sich durch die "Beständigkeit in der Verteilung der Funktionen" auszeichnet, ab. Hierbei lenkt der Lehrer das Gespräch, die Schüler denken ihm nach. Die Schüler müssen zuhören, antworten, ausführen. Das Ziel dieser Unterrichtsform sei die "Förderung der Fähigkeit, gedankliche Zusammenhänge und Ordnungen einzusehen und in geordneter Abfolge mitzuvollziehen; sie übt dialogische Entwicklung und Durchleuchtung von Denkordnungen ein" (ebd. : 89). Die genaue Planung des Lehrers soll dafür sorgen, daß Gesprächsverlauf und Gesprächsführung den Schülern verständlich bleibt (ebd).

Essen unterscheidet also zwischen einer Gesprächserziehung und dem Gespräch als Unterrichtsform. Dazwischen steht ein Lernzielkatalog, der die Leistungen wiedergibt, die von den Schülern erwartet werden.

Die phasenweise Einführung in das Gespräch legt den Schwerpunkt auf die Tätigkeiten des Lehrers. Er bemüht sich um die Herstellung von Sprechsituationen. Die Orientierung auf den Partner wird dem Sachbezug vorgezogen. Doch erscheint es fraglich, ob sich aus der Summe von einzelnen Verhaltensweisen eine Gesprächshaltung der

Teilnehmer ergibt. Die Vermutung, daß die Schüler in der Konzeption Essens Fertigkeiten zur Gesprächsführung nacheinander erlernen sollen, verstärkt sich durch den aufgelisteten Zielkatalog, der eine Reihe von Einzelfähigkeiten nennt.

Tatsächlich verhält es sich ja so, daß in jedem Gespräch sowohl Sach- als auch Personbezug vorhanden ist. Als dritte Konstante sollte der System- oder Institutionenbezug nicht vergessen werden (Vgl. Kapitel 1 und 3).

Es erheben sich deshalb Bedenken, ob für die Vermittlung eines richtigen Gesprächsverhaltens ein additives Verfahren geeignet ist. Angemessener wäre möglicherweise ein ganzheitliches Verfahren.

Das Bild des Lehrers bei Essen ist mit seiner Vorbildstellung für die Schüler verhaftet. Deshalb ist es bedauerlich, daß der Lernzielkatalog für die Schüler nicht ergänzt wird mit einer Liste der Qualifikationen, die der Lehrer zur Realisierung der an ihn gestellten Anforderungen benötigt.

Sie bestimmt Unterricht allgemein als Sprechsituation, ohne die besonderen Bedingungen der Institution Schule zu beachten. Sie übersieht deshalb die institutionellen Verhältnisse, wenn sie behauptet, daß das Unterrichtsgeschehen auf den sprachlichen Austausch einander ansprechender Partner angelegt sei. Dies würde bereits bedeuten, daß die institutionelle Sprechsituation in der Schule bereits eine kommunikative ist. Immerhin behält der Lehrende seine dominante Stellung, denn er soll das Schweigen der Schüler 'brechen'. Sie selbst sieht im Funktionieren der bewährten Machtstrukturen die Chance des "kooperativen Arbeitsgesprächs".

Dieser Eindruck wird verstärkt durch die Stellung dieser Unterrichtsform als einer neben fünf anderen, die alle die Person des Lehrers als Mittelpunkt der 'Interaktion' vorsehen. Rollendistanz wird von ihm nicht verlangt, ob er deshalb auch kurzfristig seine Funktionsautorität (Vgl. Kapitel 3) abzugeben in der Lage ist, ob er sich der "Rolle des Sprechers" entledigen kann, scheint deshalb eher unwahrscheinlich.

Obwohl ihr "kooperatives Arbeitsgespräch" im Gesprächsverlauf

*und auch in der Zielvorstellung gewisse Freiheiten für die Schüler
öffnet, kann diese Gesprächsform nur dem verlaufoffenen Lehrgespräch zugeordnet werden.*

Georg E. Becker u. a.: Unterrichtssituationen I. Gespräch und Diskussion (1976)

Der Beitrag von Becker u. a. versteht sich als Trainingsprogramm für
Gesprächs- und Diskussionssituationen im Unterricht (Becker, 1976
: 20). Dem Gespräch wird ein "hervorragender Stellenwert" eingeräumt, wenn die Schüler mitdenken, aktiv und kritisch sein sollen.

Über die Beschreibung der Unterrichtspraxis mit der dominierenden
Stellung des Lehrers gelangen die Autoren zu einem wünschenswer-
ten Lehrerverhalten. In der Praxis würden die Lehrer den Gesprächsverlauf durch ihre Fragen steuern. Pro Minute würden sie durch-
schnittlich zwei bis vier Fragen an die Schüler richten. Die Schülerbei-
träge wären überwiegend "reaktiv" statt "initiativ". Nur ein Viertel
ihrer Äußerungen beruhe auf Spontaneität und Freiwilligkeit. Mit nur
3 - 9 % ihrer Äußerungen würden die Lehrer auf Gedanken von
Schülern reagieren. Das Gespräch laufe ausschließlich über den
Lehrer, selten würden sich die Beiträge der Schüler an ihre Mitschüler
richten (ebd. : 21). Der Lehrer solle aber durch seine Aktivität eher
anregen, weniger dirigieren. Er solle die Beiträge der Schüler akzeptieren, das Gespräch strukturieren, d.h. "den roten Faden aufzeigen"
(ebd. : 21f).

Die Voraussetzungen zum Gespräch trennen die Autoren in Voraussetzungen beim Schüler und beim Gesprächsleiter. Die Schüler sollten
genügend Zeit haben und Vorkenntnisse über das Thema besitzen.
Der Gesprächsleiter müßte mit dem Gesprächsgegenstand vertraut
sein, denn er habe Gesprächsverläufe zu strukturieren.

Vom Lehrer verlangt die Gesprächsleitung darüber hinaus, daß er das
Geschehen genau beobachtet und realistisch einschätzt (ebd. : 22). Mit
einer Liste möglicher "Verhaltensindikatoren" für den Lehrer werden
sein Spielraum festgelegt und seine Einzeltätigkeiten programmiert.

Folgendes Verhaltensrepertoire solle der Lehrer für den Gesprächsverlauf in zeitlicher Abfolge beherrschen:

- das Gesprächsthema aufgreifen und vorgeben,
- über die Zielsetzung sprechen (Ziel setzt Lehrer), zur Verstär-
  kung der Motivation,
- in das Gesprächsthema einführen (Orientierung über Struktur des
  Gesprächsthemas oder über seine Bedeutung),
- Gesprächsregeln vereinbaren (Selbsterarbeitete Gesprächsregeln
  seien für die Schüler verbindlicher.),
- Gespräch in Kleingruppen verlagern (Lehrer tritt in den Hinter
  grund),
- Rednerliste führen (Jeder der sich gemeldet habe, solle auch zum
  Wort kommen. Dies bezeichnet er als "Möglichkeit, demokrati
  sche Spielregeln einzuüben"),
- zu Beiträgen auffordern,
- Schüler ausreden lassen,
- wesentliche Punkte hervorheben (Strukturierung),
- Teilergebnisse festhalten,
- auf Zielsetzung des Gesprächs verweisen (bei Abweichungen),
- strukturierende Hinweise geben,
- einen Beitrag zur Diskussion stellen (Das sei auch nichtverbal
  möglich.),
- Beiträge klären oder klären lassen,
- auf die Gesprächsregeln verweisen,
- zur Beteiligung am Gespräch anregen,
- z u einem Meinungsbild (Abstimmung) auffordern (Dies sei bei
  unterschiedlichen Positionen sinnvoll.),
- das Gesprächsergebnis zusammenfassen oder zusammenfassen
  lassen (ebd. : 22 - 33).

Nach der Grundlegung dieser mehr allgemeinen 'Gesprächsverhal-
tensvorschriften' für Lehrer unterscheiden die Autoren zwischen
möglichen Gesprächsformen im Unterricht und stellen für jede Gesprächsform ein spezielles Instrumentarium zu Verfügung.

Sie sehen folgende Gesprächsformen vor:
1. Kleingruppengespräche zur Förderung der Gesprächsfähigkeit;

78

2. Gespräche, in denen Vorkenntnisse aktualisiert werden;
3. Gespräche, in denen ein bestimmtes Ergebnis erarbeitet wird;
4. Gespräche, in denen Einfälle gefördert werden;
5. Gespräche, in denen Informationen beurteilt werden.

Die erste Gesprächsform dient "primär sozialen Zielsetzungen"(ebd. : 34). "Grundlegende Fähigkeiten" wie "aktives Zuhören", "Gedanken aufgreifen und weiterführen" sollen darin eingeübt werden. Die Abgrenzung wird wieder vom Lehrer vorgegeben. Die Schüler müssen wissen, warum sie bestimmte Verhaltensweisen üben, und daß es erforderlich ist, bestimmte Verhaltensweisen zu beachten (ebd. : 36). Das Programm sieht vor, daß der Lehrer eine Reihe von Maßnahmen trifft, damit Kleingruppengespräche stattfinden, sie beobachtet werden, anschließend ihr Verlauf diskutiert wird und schließlich Gesprächsregeln erstellt werden. Der Lehrer ergreift somit hauptsächlich die Initiative und achtet auf die Ausführung. Diese Gesprächsform weicht von den anderen dadurch ab, daß das Gespräch zum Thema gemacht wird. In den anderen Gesprächen steht der Sachbezug im Vordergrund, es geht um Reproduktion und Produktion von Erkenntnissen, um Kreativität und Evaluation.

Die zweite Gesprächsart sieht vor, Vorkenntnisse der Schüler zu aktualisieren, das heißt, die Schüler sollen sich an "schon vorhandene Erkenntnisse erinnern" (ebd. : 46). Deshalb muß das Thema im Unterricht behandelt worden sein oder dem Erfahrungshorizont der Schüler entstammen (ebd. : 47).

In der dritten Gesprächsart sollen die Schüler an einer Fragestellung arbeiten, für die es nur eine richtige Lösung oder nur ein bestimmtes Ergebnis gibt. Diese Gespräche würden vom Schüler konvergierende Denkleistungen verlangen: benennen, ableiten, ordnen, übertragen. Die Schüler müßten Vorkenntnisse besitzen, das Thema müßte vorbestimmt sein (ebd. : 57).

In der vierten Gesprächsart soll die Kreativität der Schüler gefördert werden. Ausgangspunkt sollte ein Problem sein, für das eine Vielzahl von Lösungen möglich sei. An einem solchen vielschichtigen Problem könnten die Schüler divergierendes Denken erproben (ebd. : 66f).

In Gesprächen, in denen Informationen beurteilt werden sollen, müßten die Schüler vorhandene Informationen auf ihre Richtigkeit oder Annehmbarkeit prüfen. "Die Schüler müssen in der Lage sein, - festzustellen, ob verschiedene Informationen identisch sind oder nicht, - logisch ableiten, - zu bewerten und zu beurteilen, - Probleme zu sehen" (ebd. : 75).

Alle Gesprächsformen haben gemeinsam, daß der Lehrer durch steuernde Maßnahmen in den Gesprächsverlauf eingreifen kann, nachdem er ohnehin das Thema vorgibt und in einigen Gesprächsarten sogar das Ziel vorbestimmt.

Das Trainingsprogramm von Becker u.a. ist schon aufgrund seiner Zielsetzung auf die Lehrerrolle im Unterricht zugeschnitten. Es will gar nicht Zusammenhänge aufweisen, analysieren und Ergebnisse darlegen, es stellt vielmehr den Anspruch auf, dem Lehrer Fertigkeiten zu vermitteln, die dieser zu einer erfolgreichen Gesprächsführung braucht.

Dazu genügt dann freilich ein Katalog chronologisch geordneter Maßnahmen zu verschiedenen Gesprächsarten des Unterrichts, den der Lehrer nur zu erlernen und anzuwenden braucht. Der Lehrer lernt "Fertigkeiten" im wahrsten Sinne des Wortes: Becker u. a. haben für ihn vorgedacht, sie haben Zusammenhänge analysiert und Schlußfolgerungen gezogen. Nun präsentieren sie dem Lehrer als Ergebnisse vorgefertigte Handlungsanweisungen, die der Lehrer nur zu vollziehen und nachzuvollziehen braucht.

Ob der Lehrer dieses Wissen auf konkrete Situationen anzuwenden weiß, kann innerhalb dieses Trainingsprogramms nicht überprüft werden. Vom Lehrer erfordert es zunächst lediglich verbales Lernen, dem zwar der Aufbau einer kognitiven Struktur zukommt, das aber nicht den gleichzeitigen Aufbau von übertragbaren Wissen und Problemlösungsstrategien leisten kann.

Für die Praxis des Unterrichtsgespräch führenden Lehrers kann gefolgert werden, daß er mit der Hauptaufgabe des "Strukturierens" nicht nur Einfluß auf den äußeren Gesprächsverlauf nehmen wird, sondern auch inhaltliche Lenkung vornimmt. Der Lehrer /die Lehrerin bestimmt Gesprächsthema und Zielsetzung. Die Lehrerin

*umreißt das Ziel und die zu erwartendenden Leistungen der Schüler.
Es erscheint zweifelhaft, ob dieses Verfahren motivierend wirkt. Das
Führen einer Rednerliste, die Reihenfolge von Wortmeldungen und
deren Einteilung wird zu einer Möglichkeit der Einübung demokratischer Spielregeln hochstilisiert.*

*Die Möglichkeit der Partizipation am Gesprächsverlauf garantiert
aber nicht die Beeinflußbarkeit von Gesprächsthema und - ziel
durch die Schüler. Der Gesprächsverlauf kann bei starker Vorplanung durch den Lehrenden sich eher nur als Funktion von Gesprächsziel - oder/und -thema erweisen, da diese bereits Inhalte
vorstrukturieren.*

*Für eine eher lenkende Aktivität des Lehrers spricht, daß Becker
dem Lehrer die Rolle zugewiesen hat, den "roten Faden" aufzuzeigen. Die Eingriffe des Lehrers müssen demzufolge inhaltsorientiert
sein, was Lösungswege letztlich vorzeichnen muß. Die vier Gesprächsarten beruhen auf der Annahme, daß Einzelfähigkeiten der
Schüler und Schülerinnen nacheinander gelernt werden können. Bei
einem inhaltlich stark vom Lehrenden dominierten Unterricht kann
aber eine Selbsterfahrung der Schüler im Gespräch nur schwerlich
stattfinden.*

Kurt Fina: Das Gespräch im historisch - politischen Unterricht (1978)

Fina beschäftigt sich aus der Sicht einer Fachdidaktik, der Didaktik
und Methodik historisch - politischen Unterrichts, mit der Bedeutung
und der Anwendung des Unterrichtsgesprächs. "Wir wollen Schule
und Unterricht nicht in Rede auflösen" (Fina, 1978 : 16), formuliert er
anfangs vorsichtig, bricht aber zum Schluß dann doch eine Lanze für
die Gesprächsdidaktik (ebd. : 315). Der Lehrer müsse seine Rolle
wechseln, "und zum Amt des Stoffvermittlers die Aufgabe des
Gesprächspartners 'hinzu' - übernehmen" (ebd. : 18), wobei freilich

andere Lernformen ständig das Gespräch zu ergänzen hätten (S. 23).

Als Typen des Unterrichtsgesprächs nennt er:

a. Das lehrerzentrierte Unterrichtsgespräch, das nach einer fragend - entwickelnden Methode funktioniert, und das er auch als Lehrgespräch benennt.

b. Das 'Gespräch der gleichen Ebene', bei dem der Lehrende die gleichen Rechte hat wie die anderen Teilnehmer.

c. Das Gespräch unter 'Leitung eines Schülers', bei dem sich der Lehrende nicht am Gespräch beteiligt.

d. Das schülerzentrierte Unterrichtsgespräch ohne Leitung (ebd. : 29).

Fina weist in diesem Zusammenhang daraufhin, daß "nicht selten die aggressivsten Schüler, die, einmal mit der Rolle des Gesprächsleiters betraut, recht autoritär auftreten" (ebd. : 29), womit offensichtlich wird, daß auch ein Schülergespräch nicht automatisch symmetrisch verlaufen muß, wenn die Kommunikationsbiographien der Teilnehmer durch die passive Erfahrung autoritären Gesprächsstils geprägt ist. Die Gespräche hält Fina für einsetzbar in der Einzelarbeit, der Partnerarbeit, dem Gruppenunterricht, dem Klassengespräch und dem Gesamtunterricht (ebd. : 31).

Die Gespräche dienen zielbezogen der historisch - politischen Bildung als Menschenbildung und als Gespräch auch der "Therapie für das Leben des Einzelnen und der Gesellschaft"(ebd. : 36). Der Wert des Unterrichtsgesprächs liegt für Fina in seiner Möglichkeit, sich dem fachspezifischen Gegenstand in angemessener Weise zu nähern und in seiner sozialen Wirkung. Eine wirkliche Rückmeldung über den Lernerfolg könne erst durch den Rollenwechsel im Gespräch wahrgenommen werden (ebd. : 36f), im Unterrichtsgespräch könnten die Phasen der Problemlösung, wie Erfassung der Problemsituation, Gewinnung von Lösungsansätzen und Hypothesen und Aufdecken von Schwierigkeiten bei der Bestätigung und Widerlegung am ehesten beobachtet werden (ebd. : 53), da sich im Lehrervortrag keine Probleme einstellten, wenn der Lehrer vorgegebene Lösungen darbiete. "Durch das Abwägen mehrerer Interpretationsmöglichkeiten der Quelle und mehrerer Meinungen der Opponenten hindurch führt der Weg zur Kritikfähigkeit: zur kritischen Betrachtung des Gegenstandes wie des

Partners und schließlich seiner, des Sprechenden, selbst!" (ebd. : 55). Im Gespräch "fallen uns also nicht nur Lösungen ein, wir stellen auch neue Fragen" (ebd. : 57).

Als Ratschläge zur konkreten Durchführung weist er die Lehrenden an, "weit hinter sich zurück(zu)treten" (ebd. : 59). Im Unterrichtsgespräch geht es darum, den Andersdenkenden zu schätzen und zu respektieren (ebd. : 62). "Das Unterrichtsgespräch ist der natürliche Weg, die Denk- und Lernprozesse der Partner sichtbar zu machen, ohne sie 'unter Kontrolle' zu bringen" (ebd. : 62).

Fina betrachtet das Unterrichtsgespräch vor allem als eine sachimmanente Methode, um bei Quellenuntersuchungen Erkenntnisse zu erarbeiten bzw. zu vermitteln. Das Gespräch also als "heuristische Methode" (ebd. : 65): "Die Ausbildung einer gesprächsdidaktischen Quellentheorie und die Schaffung gesprächsmethodischer Unterrichtsmodelle sind bedrängende Aufgaben der zuständigen Fachdidaktiken" (ebd. : 66).

Die Vorstellungen Finas enthalten viele Komponenten, die schwerpunktmäßig dem verlaufoffenen Lehrgespräch entsprechen, die aber auch schon Ansätze eines themenbestimmten Schülergesprächs aufweisen, zumal in den Beispielen des Verhaltenstrainings auch Schülergespräche unter Schülerleitung auftreten.

Dagegen gehen die Vorschläge für den Lehrenden mehr in Richtung des verlaufoffenen Lehrgesprächs: - Schüler ausreden lassen, anschließend nicht wieder selbst das Wort ergreifen, -schlichte Schülerfragen einfach und knapp beantworten, die Frage auch von Mitschülern beantworten lassen, - mit den Schülern sprechen "wie auch sie dies mit mir tun können", - "insgesamt etwas weniger zu reden" versuchen (ebd. : 68).

Die anschließenden Beispiele der Unterrichtsversuche (Sekundarstufe I und II) sind Beobachtungsniederschriften, die mehr dokumentieren als normieren oder kritisieren. So sollen in den Versuchen einmal die Schüler Fragen stellen (ebd. : 84ff), werden Formen des Gruppenunterrichts vorgestellt, bei denen der Lehrende sich auf die Rolle des Helfers beschränkt (123f). Gruppenergebnisse werden von

*Gruppensprechern vorgetragen und begründet (ebd. : 127).Als
Sitzordnung wird die U - Form empfohlen (125). Insgesamt: eine
auch durch praktische Unterrichtsbeobachtungen fundierte Arbeit.*

Jutta Pilz - Gruenhoff: Gesprächsführung im Unterricht. (1979)

Jutta Pilz - Gruenhoff nennt ihr Buch "Gesprächsführung im Unterricht" und gibt ihm den Untertitel "Die Klasse lernt diskutieren". Das
größte Problem ihrer Arbeit besteht letztlich darin, zu klaren Begrifflichkeiten zu kommen, um plausibel didaktisch - methodische Schlußfolgerungen zu treffen. "Diskussion" ist jedenfalls ihr handwerklicher
Grundbegriff, den sie zunächst zu definieren versucht. Folglich leistet
sie, trotz des "Praxis für die Praxis" - Verständnisses (Pilz - Gruenhoff,
1979 : 11), zunächst 'Theorie'arbeit, indem sie die Diskussion von
anderen Gesprächsformen, wie z.B. dem Klärungs- und dem Streitgespräch, abzugrenzen versucht (ebd. : 16).

Dem Streitgespräch ordnet sie "die Redeformen Meinungs- und
Überzeugungsrede" unter, weshalb auch ein "Diskussionsbeitrag" als
"eine Kurzform der Meinungsrede" zu verstehen sei (ebd. : 16).
Folglich erscheint es auch nicht mehr verwunderlich, wenn sie Mei-
nungs- und Überzeugungsreden als "Vorübungen" zur Diskussion
versteht (ebd. : 16f).

Die Definitionsfrage bleibt Pilz - Gruenhoffs ungelöstes theoretisches
Problem, weil sie nicht zur Kenntnis nimmt, was sie selbst feststellt:
Die 'Diskussion' nehme im Rahmen der Gesprächsformen "einen
besonders breiten Raum ein" (ebd. : 17.), was Geißner 1957 wohl
veranlaßte vom "Schwammwort 'Diskussion'" zu sprechen (Geißner,
1957 : 38), mit dem die Formen des Klärungs-, des Streit- und des
Kampfgesprächs "nivelliert" würden. Typisierungsmerkmale der Diskussion können auch nicht sein, daß es "entweder im Anschluß an
einen Vortrag" stattfindet (Das meint in anderen Worten übrigens
auch das renommierte Autorenkollektiv um Schmidt/Stock aus der
ehemaligen DDR in ihrem 1984 zum dritten Mal aufgelegtem Buch

84

"Rede - Gespräch - Diskussion", vgl. Schmidt/Stock : 57), oder "ein gestelltes Thema gemeinsam erörtert" wird (ebd. : 17). Die "Sache" stände im Vordergrund, Diskussion sei geleitetes Gespräch, es könne aber auch in der Funktion des Streit- oder des Klärungsgesprächs auftreten (ebd. : 17). Jedenfalls haben auch andere, wissenschaftliche Autoren erhebliche Schwierigkeiten, die spezifischen Merkmale der Diskussion herauszuarbeiten (Das Autorenkollektiv um Schmidt/ Stock behilft sich damit, daß es Diskussion "als eine zeitlich unmittelbare Aufeinanderfolge und funktionale Kopplung von einseitigem Vorgang und geleitetem Gespräch während eines einzigen Kommunikationsereignisses" begreift. Schmidt/Stock, 1983 : 56). Auch in Bezug auf die Aufgaben der "Diskussionsleiter" (ebd. : 18) fällt es der Autorin schwer, die Spezifität der Diskussion zu vermitteln.

Da eine exakte Definition von Diskussion nicht gelingen kann, kann sie die Diskussion auch "als elementare Form des Unterrichtsgesprächs" (ebd. : 31) bezeichnen. In Anschluß an Zacharias begreift sie Unterrichtsgespräch als ein "gelenktes Gespräch", bei dem der Lehrer den Schüler zur Lösung leitet (ebd. : 31), wobei sie meint, eine "geschickte Fragetechnik innerhalb der Diskussion entwickelt Denkprozesse der Schüler" (ebd. : 32).

An anderer Stelle vertritt sie die Auffassung, für die "Diskussionsleitung" gelte der "gleiche Grundsatz wie für das Unterrichtsgespräch: so frei wie möglich und so straff wie nötig" (ebd. : 38). Als "Ziel der Diskussion" benennt sie u.a. den "Abbau von Sprechhemmungen" (ebd. : 42ff), auch, an letzter Stelle, die "Befähigung zum sachgerechten Gespräch" (ebd. : 56f).

Die Diskussion teilt sie ein in
a.) "Die Diskussion als hörerorientiertes Gespräch" (58ff)
und b.) "Die Diskussion als sachorientiertes Gespräch" (74ff).

Allerdings erfahren die Leserinnen und Leser weniger über die Diskussion oder über das Gespräch, nützt die Autorin doch die Gelegenheit, ihre Kenntnisse zur Atem- und Stimmbildung, ihr Wissen über Leselehre usw. breit darzulegen, die "Argumentationstechnik" streift sie erst zum Schluß.

Offensichtlich hat Pilz - Gruenhoff ein recht reduktionistisches Verständnis von Sprecherziehung, wenn sie gerade im Rahmen einer 'gesprächserzieherischen Arbeit für den Unterricht' so stark auf 'Atem und Stimme' zurückgreift. Anscheinend nimmt sie an, daß das getrennte Üben der einzelnen sprecherzieherischen Teilbereiche die 'Diskussionsfähigkeit" verbessere. Ihr Diskussionsbegriff entspricht weitgehend dem eines gerade noch verlaufoffenen Lehrgesprächs.

Hartmut Thiele: Lehren und Lernen im Gespräch. Gesprächsführung im Unterricht (1981); Trainingsprogramm Gesprächsfürhung im Unterricht. Kognitives Lehrtraining zum Selbststudium (1983)

Hartmut Thiele präsentiert 1981 eine didaktisch - methodische Arbeit zu dem Arbeitsbereich "Gesprächsführung im Unterricht", zu dem er zwei Jahre später ein gleichnamiges Trainingsprogramm für Lehrende veröffentlicht.

Neben der Förderung der Gesprächsfähigkeit, der Aktivitätsförderung der Schüler sieht Thiele den Wert der Unterrichtsgespräche auch in der Entwicklung "demokratische(r) Kommunikationsformen" (Thiele, 1981 : 9).

Wie er zu dieser Auffassung kommt, erklärt er nicht weiter, sondern unterscheidet im Anschluß - vor allem an Bollnow -Unterrichtsgespräche "von "echten", in außerschulischen Situationen anzutreffenden Gesprächen." (ebd. : 13).

Im Unterrichtsgespräch geschieht ein der Zielorientierung unterworfener Lehr - Lernprozeß, wobei Lerngegenstand vorgegeben, Lehr- und Lernweg vorstrukturiert seien, die Gesprächsteilnehmer ungleiche Rollen wahrnähmen (ebd.). Im "echten Gespräch" bestände dagegen "zwischen den Gesprächspartnern ein Verhältnis der Offenheit und prinzipiellen Gleichrangigkeit; Ziel, Verlauf und Gesprächsthema sind nicht von von vornherein festgelegt; das Miteinander - Sprechen findet in entspannter Atmosphäre statt und benötigt keine Strukturierung und zeitliche Begrenzung durch einen Gesprächsleiter" (ebd.).

Thiele folgt dieser Dichotomie nicht, sondern hält in der Unterrichtswirklichkeit folgende Gesprächsformen für möglich: Lehrgespräche, die sich durch starke Lenkung durch den Lehrer auszeichnen, gelenkte Unterrichtsgespräche mit "zurückhaltender Lenkung und Anregung" sowie "weitgehend selbständig geführte Schülergespräche" (ebd. : 16).

Diese drei nach dem "Lenkungsaspekt" differenzierten Gesprächsformen ordnet er einer "erörternd - ver/erarbeitenden Lehr- Lernaktivität" unter, die zwischen den Polaritäten der "darbietend - nachvollziehenden Lehr- und Lernaktivität" und der "aufgebend - ver/erarbeitenden Lehr- und Lernaktivität" stehen. In der ersten darbietend - nachvollziehenden Form dominiert der Lehrer. Er trägt vor, führt vor, zeigt vor, usw., während in der zweiten aufgebend - verarbeitenden Form die Schüleraktivität überwiegt. Wie allerdings in der zweiten Form die dort subsumierten Arbeits- und Sozialformen, Gruppenarbeit, Partnerarbeit, Projektunterricht ohne Gespräche vorstellbar sind, bleibt in dem von Thiele gebrauchten Schema (Thiele, 1981 : 14f) ungeklärt.

Obwohl er das gelenkte Unterrichtsgespräch als "dialogisch" in dem Sinne begreift, daß jeder Teilnehmer das Frage - und Rederecht habe und dadurch den Gesprächsverlauf beeinflussen könne (ebd.: 17), bleibt der Lehrer "in der Rolle des Gesprächsführers" (ebd. : 18), der das Ziel und den Denkweg dorthin weiß, folglich das Ergebnis vorbestimmt hat. "In der Rolle eines Lernhelfers hält er sich bereit, anzuregen, zu ermutigen, zu steuern, zu korrigieren, bei thematischen Abweichungen und Ausuferungen wieder einzugrenzen und wesentliche Ergebnisse zum angemessenen Zeitpunkt zusammenzufassen" (ebd. : 19). Allerdings kann er flexibel genug sein, um bei zunehmender Eigentätigkeit der Schüler zum Schülergespräch überzugehen.

Bei der Bestimmung des Schülergesprächs lehnt sich Thiele stark an Ritz - Fröhlich (Das Gespräch im Unterricht. - Vgl. dieses Kapitel) an: Der Lehrende verzichte "weitgehend auf lenkende Einflußnahmen und greife nur "strukturierend oder stimulierend ein, wenn sachliche

Richtigkeit oder Gesprächsfluß es notwendig und zweckmäßig erscheinen lassen" (ebd. : 20). Der Einsatz des Schülergesprächs - wie auch des gelenkten Unterrichtsgesprächs - als Lehr- Lernform macht Thiele von Lerngegenstand und Denkfähigkeit der Schüler abhängig, folglich sind sie nur zeitlich begrenzte Methoden des Lernen/Lehrens.

Das Partnergespräch und das Kleingruppengespräch sind der Form des Schülergesprächs nebengeordnet, wobei Partner- und Kleingruppengespräch als Schüler - Schülergespräche wohl eher dem Schülergespräch unterzuordnen wären. Würde also als Klassifizierungsmerkmal "Größe der Teilnehmerzahl" angewandt, könnte das "Schülergespräch" im Sinne Thieles als "Klassengespräch" bezeichnet werden.

Die Kleingruppengespräche sind nicht automatisch schon symmetrisch, sondern Thiele weist mit Recht daraufhin, daß die Gesprächsfähigkeit der Teilnehmer schon vorausgesetzt werden muß (Vgl. Thiele 1981 : 24f). Quer zu diesen Gesprächsformen liegen die "Gesprächsarten", die Thiele nach dem "Inhaltsaspekt" trennt, in: sachklärendes, interpretierendes, meinungsbildendes Unterrichtsgespräch, davon etwas abgehoben das Metagespräch.

Thiele beschäftigt sich im weiteren Teil seiner Arbeit wesentlich mit einer Zusammenstellung von Sprechhandlungen wie Informieren, Verstärken, Ermutigen etc., die er im einzelnen aus lerntheoretischer und denkpsychologischer Sicht operationalisiert und ihnen bestimmte Verhaltensweisen des Lehrer und bestimmte kognitive Strukturierungswirkungen bei den Schülern zuweist (Thiele,1981 : 75ff).

In seinem Trainingsprogramm zur Gesprächsführung läßt Thiele die von ihm operationalisierten "Lehrtätigkeiten zur Gesprächsführung" üben, wobei nur jene berücksichtigt werden, die dem gelenkten Unterrichtsgespräch unterzuordnen sind.

Die Lehrtätigkeiten zur Gesprächsführung sind letztlich Impulse, die bestimmte kognitive Leistungen der Schüler auslösen sollen (Vgl. Thiele 1983 : 23). Aus den dreizehn von ihm zusammengestellten Lehrtätigkeiten wählt er "die Explorationsgruppe" aus, mit den Lehrtätigkeiten des Problematisierens, Nachhakens und des Akzentuierens (ebd. : 24).

88

Die Übungen für den Lesers bestehen nun darin, daß er bei vorgegebenen Unterrichtssituationen, die als verschriftete Unterrichtsgespräche dem Leser vorliegen, die verbale "Lehrtätigkeiten" mit dem
richtigen Terminus benennt oder angefangene Unterrichtsgespräche
mit der 'richtigen' verbalen Lehrtätigkeit weiterführt.

*Das Trainingsprogramm leitet an zum richtigen Gebrauch der
Begriffe, regt auch an zur Reflexion über die verbale Form von
Interventionen des Lehrenden in Unterrichtsgesprächen und ist in
diesem Sinne von Wert. Übersehen wird, daß es kognitives Lernen
sozialer Prozesse nicht in Reinform gibt, daß schriftliche Kommunikation nicht mit mündlicher Kommunikation gleichgesetzt werden
kann. Der Schwerpunkt Thieles liegt zweifellos auf dem gelenkten
Unterrichtsgespräch, das in der oben entwickelten Klassifikation
dem verlaufoffenen Lehrgespräch noch am ehesten entspricht.*

5.3. Ansätze zum themenbestimmten Schülergespräch

Heinz Fischer: Das freie Unterrichtsgespräch (1955)

Heinz Fischer untersucht die Bedeutung und die Stellung des Unterrichtsgesprächs im Rahmen des gesamten Unterrichts. Das Unterrichtsgespräch soll "der Lösung der von Kindern aufgeworfenen
Fragen" dienen (Fischer, 1955 : 15). Im freien Unterrichtsgespräch
gingen die Anstöße von den Kindern aus. Er begreift Unterricht als
"Hilfe zur Eroberung und Bewältigung der Umwelt" und im freien
Unterrichtsgespräch sei die Hilfeleistung in den sozialen Verband der
Klasse selbst verlagert. Die Kinder würden sich gegenseitig als
gleichberechtigte Partner anerkennen. Sie wüßten, daß sie selbst es
sind, die zur Hilfeleistung aufgerufen werden (ebd. 17).

Den freien Unterricht bezeichnet er als "eine Form des natürlichen
Bildungserwerbs" (ebd. : 19), die umfassendere und gefestigtere

Formen hinterlassen würde (ebd. : 18).

Nach dieser Erörterung versucht er den "Weg" zum freien Unterrichtsgespräch aufzuweisen. Da die Kinderfrage ein Ergebnis einer Begegnung zwischen dem Kind und seiner Umwelt sei, müßte der Lehrende
den Kindern Reize bieten, zum Beispiel mitgebrachte Gegenstände.
Es sei richtig, Situationen zu schaffen, die die Kinder zum Fragen
nötigen würden (ebd. : 21f). Der Gesprächsverlauf sollte in erster
Linie von den Kindern bestimmt werden. Vor allem: "In der Regel
bestimmen die Kinder den Ausgangspunkt des Gesprächs" (ebd. : 28).

Doch der Lehrer soll lenken, wenn nicht sprecherisch, dann aber durch
Gesten und Mienen. Und: "Andererseits tritt der Lehrer in stärkerem
Maße da in den Vordergrund, wo die Kinder von sich aus zu keinem
Ergebnis gelangen können, wo er aus Gründen besserer Klärung
Gewichtiges zu sagen hat"(ebd. : 30). Er sieht demgegenüber vor, daß
jedes Kind, das sich zu Wort meldet, auch frei sprechen darf. Der
Lehrer nimmt die Kinder in der Reihenfolge der Wortmeldungen
heran. Den von den Kindern geäußerten Gedanken räumt er einen
bestimmenden Wert ein, engt dies aber gleichzeitig ein, wenn er
ausführt, daß der Lehrer Richtiges bestätigen und zum Nachdenken
anregen soll (ebd. : 32).

Für die Zeitdauer des Gesprächs ist das Interesse der Kinder entschei-
dend: "Jeder Fragenkreis wird solange erörtert, wie das Interesse der
Kinder anhält" (ebd.). Jede Meinung sei ernstzunehmen, das gilt für
Schüler und Lehrer gleichermaßen. Der Lehrer soll deshalb jede
Äußerung gegen Spott und Mißachtung schützen. Denn: "Auch die
Sicherheit des Denkens erwächst auf dem Boden freier Meinungsäu-
ßerung" (ebd.).

Doch will Fischer auch die sozialen Eigenschaften der Kinder entwik-
kelt sehen: Der Lehrer soll die Kinder zu eigenen Stellungnahmen
ermuntern, "indem er sie von der schlechten Gewohnheit befreit,
Gehörtes und Gelesenes kritiklos, ohne Überlegung und Wertung
nachzusprechen (...). Unter der Einwirkung des Lehrers erkennen die
Schüler, daß jede ehrliche Ansicht ihre Berechtigung hat. Sie gewöhnen sich ab, leichtfertig zu urteilen. Damit erzieht das freie Gespräch
aber zu jener Haltung, die im Zusammenleben von Menschen zum

größten Erfordernis wird: zur Mäßigung und Duldsamkeit gegen Andersdenkende" (ebd. : 38). Er empfiehlt nach dem Ende jedes Gesprächs den Verlauf zurückzuverfolgen, damit die Kinder den Denkablauf erkennen können (ebd.41).

In einem besonderen Kapitel sortiert er die Aufgaben, die auf den Lehrer im freien Unterrichtsgespräch zukommen: Dieser müsse sich vor allem gut auf diesen Unterricht vorbereiten und solle über reichhaltiges Wissen verfügen (ebd. : 85). Dazu gehören folgende Hinweise:

- -"frag - würdige Situationen" schaffen,
- vom Erkenntnisstreben der Schüler leiten lassen,
- kritische Stellungnahmen dulden,
- sachliche Klärungen anbieten und Erkenntnisse durch nachträgliche Veranschaulichung sichern,
- Richtiges bestätigen oder Falsches in Frage stellen,
- das Gespräch beenden,
- Reflexion des Gesprächsverlaufs,
- Vertiefung des Problems (ebd. : 47).

Fischer entwickelt seine Vorstellungen von der Bedeutung des Unterrichtsgesprächs im Unterricht her. Diese Erörterung ist kurz und schließt gesellschaftliche Bezüge aus. Mittelpunkt seiner Theorie ist das Kind, der Bildungserwerb im Unterrichtsgespräch ist "natürlich", d.h. in anderen Worten, ein solcher Unterricht ist kindgemäß.

Das freie Gespräch wird von ihm als effektiver eingeschätzt, weil die Kenntnisse umfassender und gründlicher erworben wurden. Demokratische Erziehungswerte werden nicht explizit erwähnt, sie sind quasi Nebenprodukte seiner praxisbezogenen Empfehlungen. So heißt es, daß die Kinder zu eigenen Stellungnahmen ermuntert werden sollen, daß sie nicht kritiklos Gedanken von anderen nachsprechen sollen. Als Ergebnis intendiert er aber keineswegs Ziele wie Mündigkeit und Kritikfähigkeit, sondern "Mäßigung und Duldsamkeit". Damit greift er dann doch auf gesellschaftliche Erziehungswerte der 50er Jahre - seiner Gegenwart - zurück. Die scheinbaren

Freiheiten der Schüler im Gespräch - bezüglich Ziel und Verlauf - werden dann doch eingeschränkt. Der Lehrer lenkt nicht mehr verbal, sondern mimisch - gestisch. Damit bleibt er nicht nur im Mittelpunkt, sondern es ist geradezu unerläßlich für die Schüler, sich auf ihn auszurichten. Statt auf akustische Reize sind sie nunmehr auf optische Reize festgelegt.

Der Lehrer bleibt in einer noch dominierenden Rolle: Er schafft frag - würdige Situationen, bestimmt also das Thema. Er kann das Gespräch durch Anbieten von Klärungen inhaltlich leiten. Er bestätigt Richtiges, stellt Falsches in Frage. Damit ist es aber der Informationsvorsprung, das Wissen um Fakten und Zusammenhänge, der ihm seine Leiterrolle sichert. Seine Eingriffe sind inhaltlich, bleiben nicht auf den formalen Verlauf beschränkt. Somit besteht aber auch die Gefahr, daß er die Schüler zu einem Gesprächsziel lenkt, das er zwar nicht verbalisiert, aber durch inhaltliche (Richtiges bestätigen, usw.) und formale Richtungsweisung für die Gesprächsbeiträge der Schüler greifbar macht.

Man kann also keineswegs von einer Partnerschaft zwischen Lehrer und Schüler sprechen, obwohl zugestandenermaßen die Schüler durch die Zurückhaltung des Lehrenden und seiner Bereitschaft, auch kritische Stellungnahmen zuzulassen, subjektiv diesen Eindruck haben können.

Hilde Erker: Unterrichts- und Pseudounterrichtsgespräche (1962)

Sie beklagt, daß das Unterrichtsgespräch in der Praxis als Abfrageunterricht verstanden wird. Das verurteilt sie als "Pseudounterricht", in dem die Schüler nur im "kargen Denkschema des Lehrers" hinterher denken. "Das Denkschema, das den Kindern belassen bleibt, ist so eng gefaßt, daß die Antwort schon mit dem Bruchteil eines Satzes genügt und nur künstlich verlängert wird, wenn der Lehrer ohne seine Mahnung zu beherzigen, verlangt 'im ganzen Satz, bitte!'" (Erker, 1962:211). Begleiterscheinungen dieses "Frage - und Antwortspiels" seien Langeweile, Interessenlosigkeit, Unaufmerksamkeit, Unselbständigkeit, Unverbindlichkeit, verhinderte Aktivität und Spontaneität bei den Schülern (ebd. : 212).

Auch das entwickelnd - darstellende Unterrichtsverfahren wird von ihr heftig kritisiert, da das Ziel des Unterrichts von vornherein vom Lehrer festgelegt sei. Dieses Gespräch sei auch kein echtes Gespräch, da nur eine Zwiesprache stattfinde. Es gebe keine Partnerschaft, sondern autoritäre Führung, deren Ziel eindeutig auf die Vermittlung von Wissensfakten abgestellt sei (ebd. : 213).

Der Lehrer sei auch Mittelpunkt in der Konzeption der Arbeitsschule (Gaudig), aber trotz der Vermeidung von Lehrerfragen steuere dieser auf "sein Erwachsenenziel" zu: Der Verlauf habe einen Schein von Geschmeidigkeit, die innere Beteiligung fehle. Sie kritisiert, daß in diesem Verfahren der Lernerfolg nicht im Handeln der Schüler überprüft werden könne. Die Erkenntnis der Schüler würde auf rein verbaler Ebene zurückbleiben (ebd. : 215).

Nach dieser Kritik beschreibt sie als Gegenpol eine "originelle Begegnung" im "lebendigen Kontakt zwischen Kind und Sache" (ebd. : 216). Nicht der Lehrer, die Sache sei Hauptsache. Deshalb dürfe die Klasse nicht in der frontalen Sitzordnung nur auf den Lehrer ausgerichtet sein, sondern müsse sich zum Kreis formieren. Damit werde auch der Lehrer zum Gesprächspartner. Der Lehrer ist verpflichtet, eine echte Gesprächssituation zu schaffen - und zwar "ohne Wort". Um auf möglichst viele Gesprächsrichtungen vorbereitet zu sein, muß er sich "offen, elastisch" vorbereiten. Er greift - so Erker - nur in das Gespräch ein, um es ins "Zentrum" zurückzurufen. Dieses "Zentrum" werde aber von der Klasse bestimmt (ebd. : 217).

Der Beitrag Erkers ist vor allem als Kritik an den zeitgenössischen Ansätzen zum Unterrichtsgespräch zu betrachten. Vor allem rügt sie die Begleiterscheinungen eines lehrerdominanten Unterrichtsstils. Sie strebt ein sozialintegratives Unterrichtsgespräch an, das das Lernziel "Selbständigkeit" und das Ziel Effektivität verbindet. Leider bleiben ihre Hinweise zu einer anderen Art des Unterrichtsgesprächs eher knapp und unausreichend. Die "Sache" sei die Hauptsache, der

*Lehrer solle im Gesprächskreis zum Partner werden, er solle "ohne
Wort" Gesprächssituationen schaffen. Sicherlich reichen diese Vorschläge nicht aus, um sich eine kritische Vorstellung eines daraus
folgenden Unterrichtsgesprächs zu machen. Doch die Negation der
anderen Formen ist überzeugend.*

**Karl Odenbach: Studien zur Didaktik der Gegenwart (1966, 3.
Auflage)**

Karl Odenbachs Ausgangspunkt ist der angebliche Antagonismus der
Begriffe Unterricht und Gespräch (Odenbach, 1966 : 50). Über die
Herkunft des Begriffs "Unterrichtsgespräch" gelangt er zu dessen
Merkmalen: Der Lehrende sei nicht 'Gesprächsführer', sondern Ge-
sprächspartner. Er stellt Weichen, erzeugt Impulse, regt "höhere"
Gesichtspunkte an, aber er soll "bei der Entwicklung der Gedanken"
zurücktreten (ebd. : 52f).

Damit grenzt Odenbach das Unterrichtsgespräch vom Lehrgespräch
ab und unterteilt das Unterrichtsgespräch gleichzeitig in "freies" und
"gebundenes". Letzteres steht im Dienst des geplanten Unterrichtsgesprächs, das Thema dazu werde meist vom Lehrer gegeben oder
angeregt (ebd. : 54).

Den Wert des Gesprächs begründet er aus pädagogischer und metho-
discher Sicht. Die Kinder würden lernen, auf den Gleichgestellten zu
hören, ihn sprechen und reden zu lassen, seine Meinung ernst zu
nehmen und selbst nachzudenken. Das Gespräch erziehe zu einer
guten partnerschaftlichen Haltung und sei gemeinschaftsbildend. "Zugleich aber findet eine Auflockerung der geistig seelischen Haltung
des Kindes statt. Da es sich frei weiß in der Äußerung seiner Meinungen, wird es mit größerer Freude am Unterricht teilnehmen" (ebd. :
55). Indem das Kind selbst die "weiterführenden Wege" finde, sei dies
gleichzeitig eine Erziehung zur Selbständigkeit. Der Zeitverlust wird
seines Erachtens von der Eigenleistung des Kindes und dem "höheren
Bildungsgewinn" aufgehoben. Jeder Beitrag muß allerdings auf seine

Richtigkeit geprüft werden. Dadurch würden die Schüler mit der Zeit lernen, Kritikfähigkeit zu entwickeln.

Das freie Unterrichtsgespräch zeichnet sich seiner Meinung nach dadurch aus, daß die "zeitliche Diskrepanz zwischen dem erwachenden Interesse des Kindes und dem Lehrplan" überwunden werde (ebd. : 57).

Allerdings räumt er ein, daß weder gebundene noch freie Unterrichtsgespräche für die Bewältigung aller "Lehraufgaben" gleichermaßen nützlich seien. Sie eigneten sich überall dort, "wo es gilt Beobachtungen auszutauschen, Erscheinungen oder Vorgänge in der belebten und unbelebten Natur zu deuten, gemeinsamen Erlebnissen nachzusinnen, Lesestücke und Bilder zu besprechen, Schülerarbeiten zu beurteilen, die Handlungsweise unserer Mitmenschen zu verstehen oder über die Fragen einer rechten Lebensführung nachzudenken" (ebd. : 57).

Voraussetzung für das Unterrichtsgespräch sei das gegenseitige Vertrauen zwischen Lehrer und Schülern und Schülern untereinander. Kreis- oder Hufeisenform würden die inneren Voraussetzungen ergänzen. Die Art der Wortmeldung müsse geregelt sein, die Ergebnisse des Unterrichts sollten festgelegt werden, wenn fundiertes Sachwissen den Kindern vermittelt werden soll. Dann müsse sogar der Lehrer zur Sicherung der Ergebnisse eingreifen (ebd. : 56f).

Odenbach kann zwar den Einsatz von "freien" und "gebundenen" Unterrichtsgesprächen begründen, doch damit leistet er für die Erstellung klarer praxisorientierter Richtlinien keine Vorarbeit. Seine Vorschläge zur praktischen Durchführung der Unterrichtsgespräche bleiben kurz und manchmal vage. Er grenzt die beiden Unterrichtsgesprächsarten auf die Verwendung in nur ausgewählten Sachgebieten ein.

Es geht ihm eben vor allem um die Vermittlung von Sachwissen und weniger um die Erarbeitung von Problemlösungsstrategien. Durch die Begrenzung auf geeignet scheinende Sachgebiete ordnet er der Effektivität Vorrang ein. Seine Hinweise zum "freien" Unterrichts-

gespräch sind zu allgemein, um praktische Konturen sichtbar zu machen. Das Weiterbestehen von Fragerecht und Antwortpflicht im Unterricht wird in Odenbachs Konzeption nicht generell in Frage gestellt.

Kurt Singer: Aufsatzerziehung und Sprachbildung (1966)

Singer nimmt seinen Ausgangspunkt bei der Gesprächserziehung, die er als "Aufgabe mündlicher Ausdruckspflege" bezeichnet (Singer : 194). Im Mittelpunkt der Gesprächserziehung steht das Gespräch, an dem alle Teilnehmer gleichberechtigt Anteil haben. Dieses scheidet er vom Lehrgespräch: Beim Lehrgespräch sei der "Stoff" das ausschließlich Bestimmende. Im guten Lehrgespräch seien zweifellos Elemente des 'echten Gesprächs' enthalten, die Übergänge vom Lehrgespräch zum Gespräch seien unmerklich abgestuft (ebd. : 195). Beim Gespräch reiße der Lehrer mit einem Impuls das "Denkfeld" auf, der Weg zum Ziel sei nicht vorbestimmt.

Als günstigste Sitzordnung nennt er die Kreisform. Das Gespräch sei vor allem Schülerarbeit, nicht der Stoff allein sei bestimmend, sondern das Kind und seine Erfahrungswelt. Der Schüler werde nicht autoritär gelenkt, sondern vermöge spontan mitzuwirken (ebd. : 195). So hätten die Schüler die Möglichkeit unmittelbar aufeinander einzugehen. Damit wird aber auch das Thema eingeschränkt : "Ein lebendiges Gespräch kommt nur zustande, wenn die zu untersuchenden Fragen der geistigen Leistungsfähigkeit der Kinder angepaßt sind" (ebd. : 198). Eine stärkere "innerliche" und "äußerliche" Beteiligung der Schüler mache den Wert dieses Gesprächs aus. Dieses rege die Schüler zur geistigen Selbständigkeit und Spontaneität an und gebe darüber hinaus Aufschluß über deren Interessen und Erfahrungen. Nicht zuletzt habe das Gespräch einen sprachlichen Wert.

Die Schüler würden in ganzen Sätzen sprechen, weil sie nur so von der Sprachgemeinschaft verstanden würden. Der Lehrer sei nicht mehr der einzige Partner in der Klasse, der ohnehin alles wisse und durch unechte Fragen unechte Antworten provoziere (ebd. :199). Daneben übe das Gespräch wichtige soziale 'Verhaltensweisen' ein.

Er widmet der "Erziehung zum Gespräch" größere Aufmerksamkeit Sein Einstieg erfolgt über die Kritik an der Lehrerfrage, der er schließlich doch noch Bedeutung zumißt: "Leitfragen, die den Schüler zum Denken herausfordern, die ihn einer neuen Problemstellung („die er nicht sehen kann) gegenüberstellen, sind wertvoll und notwendig" (ebd. : 202). Der Frageunterricht sei nicht angemessen, wo es richtiger sei, aufzufordern, zu befehlen, anzuweisen, anzuregen. Diese Impulse sollten als Denkanreize Sprechsituationen schaffen (ebd. 203f). Wichtig sei in diesem Zusammenhang, daß die Kinder zum Fragen erzogen würden. Schülerfragen seien an die Klasse weiterzugeben und nicht selbst zu beantworten.

Der Lehrer solle darauf hinwirken, daß die Schüler sich dem sprechenden Klassenkameraden zuwenden. Der Lehrer hätte sich zurückzuhalten, weil eine einseitige Beziehung Lehrer - Schüler verhindert werden müsse. Der Lehrer solle nicht einmal erkennen lassen, wie er zur Schüleräußerung steht. Er habe erst einzugreifen, wenn seine Meinung in einer Gesprächssituation wirklich verlangt werde (ebd. : 207f). Der Lehrer sollte aber zusammenfassen, um den Schülern einen Überblick durch die Herausstellung des Wesentlichen zu schaffen. Auch die Schüler sollten in die Aufgabe des Zusammenfassens eingeführt werden (ebd. : 209).

Als zusätzlichen "frischen" Impuls empfiehlt Singer eine Kreissitzordnung. Mitentscheidend sei, daß sich der Lehrer hinzusetze, da dies den "mitmenschlichen Verkehr" erleichtere (ebd. : 210).

Gespräche sollten reflektiert und gemeinsam erarbeitet werden. Daraus sollten Grundsätze der Gesprächsführung abgeleitet und schriftlich fixiert werden (ebd. 211). Eine Aufgabe des Lehrers ist die Schaffung gesprächserweckender Situationen, d.h. seine Hinwendung zur Erlebniswelt des Kindes unter der Einbeziehung der Sprechbarrieren (ebd . : 214f).

Kurt Singers Konzeption sieht das Unterrichtsgespräch nicht allein als nützliche, stoffabhängige Unterrichtsform, vielmehr wird es als eine grundlegende Notwendigkeit betrachte. Der Schüler stehe im

Mittelpunkt. Das Gespräch wird somit mehr als bei anderen Autoren zum Lernziel, weniger zum didaktisch - methodischen Mittel. Darum betont Singer die Kindgemäßheit des Lehrstoffes. Die Thematik, die im Gespräch erarbeitet werden kann, erfährt eine Einschränkung. Darum ist die von ihm entworfene Gesprächsform nicht mit dem 'Schülergespräch' gleichzusetzen.

Der Lehrerfrage wird weiterhin eine bedeutende, das Gespräch inhaltlich gestaltende Stellung beigemessen. Einerseits soll der Lehrer mit Denkanreizen Sprechsituationen schaffen, andererseits darf er nicht erkennen lassen, wie er zu einer Schüleräußerung steht. Damit aber wird in diesem Fall der Lehrer benachteiligt: Er ist nicht gleichberechtigt. Angesichts der sonstigen Lehrerdominanz mag diese neue Rollenzuweisung durchaus sinnvoll sein.

Trotz der Forderung nach inhaltlicher Neutralität ist der Lehrer mit der Pflicht ausgestattet, das Wesentliche zusammenzufassen. Dabei wird leicht übersehen, daß Zusammenfassungen oft Verkürzungen und so mit Wertungen gekoppelt sind. Bemerkenswert ist die Einbeziehung der Problematik der Sprechbarrieren: Singer glaubt diese bereits beseitigt, wenn der Lehrer die Erlebniswelt des Kindes bei der Schaffung von Gesprächsanlässen berücksichtigt.

Damit reduziert er die Problematik und schließt eine Reihe von Faktoren, die die Sprechunfähigkeit des Kindes bedingen können, aus. Trotz einiger kritischer Punkte beruht seine Gesamtkonzeption auf dem relativ freien Gesprächsverlauf und auf dem Offenlassen des Gesprächsziels.

Lutz Rössner: Gespräch, Diskussion und Debatte im Unterricht der Grund- und Hauptschule (1967)

Rössner betrachtet die Entwicklung des Begriffs Unterrichtsgespräch und referiert Standpunkte verschiedenster Autoren (Rössner, 1967 : 7 - 29), um sich dann selbst an einer eigenen Systematisierung zu versuchen.

98

Er teilt das "Miteinander - Sprechen" in die Formen:
a. Plauderei,
b. Unterhaltung,
c. Gespräch,
d. Diskussion, Erörterung,
e. Debatte, Verhandlung,
f. Zwiegespräch, Dialog,
g. Podiumsdiskussion,
h. weitere Formen,
i. Schweigen,
j. Formen des Miteinander - Sprechens im Unterricht (ebd. : 29).

Für den Unterricht selbst sieht er fünf Formen des Miteinandersprechens:

- Die Plauderei: inhaltlich- springend, nicht - geleitet (plätschernd), gelöst - angeregt.

- Die Unterhaltung: thema - gebunden (man hält sich an ein Thema), nicht geleitet (ungezwungen), gelöst - angeregt.

- Das Gespräch: inhaltlich - gebunden (integrierend), nicht - geleitet (verbindlich), gebunden - belehrend (reflektierend).

- Die Diskussion: inhaltlich gebunden (desintegrierend), geleitet durch Diskussionsleiter: a. lehrergeleitet, b. schülergeleitet, gebunden - belehrend (reflektierend).

- Die Debatte: inhaltlich gebunden (desintegrierend), geleitet durch Diskussions- und Abstimmungsleiter (die Leitung sollte einem Schüler übertragen werden), gebunden - belehrend (reflektierend), mit leitender Wirkung (ebd. : 34f).

Die Gesprächsregeln leitet er direkt aus dem Grundgesetz ab (ebd. : 37).

1. Jeder Teilnehmer sei eine "unantastbare Persönlichkeit", d.h., "... er darf nicht zum Sprechen gezwungen werden".

2. Jeder Teilnehmer "besitzt völlige Freiheit, so er anderen nicht zu nahe tritt".

3. Jeder Teilnehmer ist gleichberechtigt.

4. Niemand darf wegen seiner Anschauung benachteiligt werden.

5. "Jeder hat das Recht , seine Meinung in Wort ... frei zu äußern" (ebd.).

Aus diesen Anforderungen erstellt er einen Verhaltens- und Lernziel-katalog:
1. Zuhören lernen;
2. Zueinander gewendet sprechen, nicht zum Lehrer;
3. Alle sind gleichberechtigte Partner im Gespräch;
4. Jeder darf sagen, was er denkt;
5. Niemand unterbricht den anderen;
6. Wir lachen nicht über den anderen;
7. Wir bleiben beim Thema und schweifen nicht zu weit ab (ebd. : 38).

Er stellt die grundsätzliche Forderung auf, daß "normale Sprechsitua-tionen in den Klassenräumen in Permanenz" ermöglicht werden. Dazu rechnet er auch die Plauderei und die Unterhaltung. Wo, wie und warum er diese einsetzen will, bleibt ungeklärt (ebd. : 42).

Nach diesen Regelungen wendet sich Rössner den Anlässen und Möglichkeiten gemeinsamen Sprechens zu. Gespräche und Diskus-sionen würden im Unterricht eine Unterrichtsstunde in Anspruch nehmen und seien nicht in andere Unterrichtsformen eingebettet. "Durch Gespräche und Diskussionen werden Kinder und Jugendliche mit den Problemen ihrer Welt und der sie umgebenden Gesellschaft konfrontiert" (ebd. : 45). Sie seien die Medien, mit denen sich die Jugendlichen mit den gesellschaftlichen Problemen auseinanderset-zen könnten.

Dann versucht er eine gemeinsame Erklärung für Gespräch und Diskussion: "In Gespräch und Diskussion wenden sich Schüler und Lehrer gemeinsam und mit der Absicht der Klärung dem Leben zu, stellen sie sich gemeinsam Fragen, richten sie Fragen an dieses Leben. Und in diesem Moment des Gemeinsamen tritt das der Gleichberech-tigung deutlich hervor; der Lehrer fragt mit, gemeinsam mit seinen Schülern - auch schon im ersten Schuljahr" (ebd. : 46). Bei der

Hinführung zum "gemeinsamen Sprechen" klammert er Probleme nicht aus: "In der Grundschule wie in der Hauptschule sind die Probleme des Zusammenlebens wie außerhalb der Schule zahlreich. Die Probleme sind zu klären, den Schülern bewußt zu machen und der Lehrer sollte seine Schüler in der Hinsicht fördern, daß sie sich eigenständige Meinungen zu diesen Problemen bilden, daß sie versuchen, individuellen Standpunkt zu beziehen" (ebd.).

Dabei kommt dem Lehrer eine führende Stellung zu: "Führen wir Kinder und Jugendliche zum gemeinsamen Sprechen, dann versuchen wir, durch entsprechende Impulse in den Prozeß des Werdens einzugreifen, um Lernvorgänge zu unterstützen oder in Gang zu bringen, die bei den Schülern zu Dispositionen und Verhaltensweisen führen, welche von uns als wünschenswert gesehen werden" (ebd.).

Zumindest für die Diskussion räumt er ein, daß Einigkeit nicht das Ziel der Diskussion ist (ebd. : 51). Zur Position des Lehrers stellt er fest, daß er "Vertrauen und Autorität" besitzen müsse, um die Diskussion zu leiten. Er benötige Gewandtheit, Umsicht, Takt, Gerechtigkeit, Humor und müsse Zurückhaltung besitzen. Er sei "primus inter pares", ein technisch notwendiger Aufsichtsführender.

Ganz neu ist bei Rössner, daß er ausführlich Formen des Miteinander - Sprechens anführt und darunter auch der Plauderei und der Unterhaltung einen Platz einräumt. Bleibt höchstens zu bemängeln, daß er keine Vorschläge zu ihrer Einsetzbarkeit unterbreitet. Trotzdem ist denkbar, daß bei festgefahrenen Gesprächen der Lehrer den Schülern Gelegenheit gibt, sich zu unterhalten und zu plaudern, da diese Gesprächsformen lösend und anregend wirken.

Gleichfalls überraschend ist die direkte Herleitung der Gesprächsregeln aus dem Grundgesetz. Ob eine solche rein "juristische" Lösung dem Gespräch angemessen ist, erscheint vielleicht vielen fraglich. Tatsächlich werden die Schüler dadurch mit Rechten ausgestattet, die Voraussetzungen für ein symmetrisches Gespräch sein könnten. Leider enthält ein - aus diesen Gesprächsregeln - deduzierter Verhaltens- und Lernzielkatalog Forderungen, die besser aus der gemeinsamen Reflexion vollzogener Gespräch gewonnen würden.

Trotz der Ableitung aus dem Grundgesetz werden solche "Gebote" für die Schüler möglicherweise nicht einsichtig. Rössner mißt dem Lehrer "ordnende Kraft" zu, etwa die Schüler beim Thema zu halten. Gleichberechtigung sollte nicht nur in Phasen gemeinsamen Fragens zur Geltung kommen, sondern sollte auch für andere Gesprächsphasen vorgesehen werden. Sein Ansatz verlangt vom Lehrer, Probleme des Zusammenlebens in und außerhalb der Schule zum Thema zu machen. Damit scheint die Möglichkeit geboten, die "Rhetorizität der Schule" in Frage zu stellen. Doch der Zusatz, daß nur "Dispositionen und Verhaltensweisen" beim Schüler gefördert werden sollen, die als wünschenswert angesehen sind, lassen den harmonisierenden Charakter dieses Ansatzes hervortreten. Bei einer solchen Zielsetzung geraten "Vertrauen und Autorität" des Lehrers - also seine Sozial- und Funktionskompetenz - zu Eigenschaften, die lediglich der besseren Durchsetzung von gewünschten Verhaltensweisen dienen könnten.

Hans Schorer: Das Gespräch in der Schule (1970, 4. Auflage)

Schorer geht die Problematik von der "Bedeutung des Gesprächs für das Leben" her an. Die Funktionen des Gesprächs im Leben werden von ihm festgeschrieben.

Demnach bezeichnet er folgendes als Gespräch:
"- eindeutige Kontaktaufnahme innerhalb einer Sprachgemeinschaft,
- als zuverlässiges Mittel, um Auskunft und Belehrung zu erhalten,
- als Hilfe in körperlicher, geistiger und seelischer Not,
- als Trägerin des Gemeinschaftslebens,
- als ein Grundelement künstlicher Wortgestaltung,
- als die einzige Möglichkeit gemeinsamer Wahrheitssuche,
- als die volle Wirklichkeit der Sprache, die das Schweigen bricht und auf seiner höchsten Stufe wieder in das Schweigen hinein führt,
- als das dem Menschen immanent und transzendent Vorgegebene" (Schorer, 1970 : 11).

Sein weiteres Augenmerk richtet sich auf das Gespräch in der Schule. "Ein Unterrichtsverfahren, das nur durch ganz bestimmte Schülerantworten weiterlaufen kann, ist keine menschenwürdige Begegnung, sondern der Beutezug eines geschickten geistigen Lassowerfers" (ebd. : 12). Er verlangt "eine grundsätzliche Änderung im Umgang mit jungen Menschen" und sieht das Gespräch als eine Möglichkeit der Selbstverwirklichung. Das Gespräch in der Schule sei jedoch nutzlos, " wenn es nur als ein Methodenwechsel angesehen wird" (ebd.).

Er wendet sich gegen diejenigen, die in der Zusammensetzung 'Unterricht - Gespräch' einen Widerspruch sehen. In der "zweckfreien Unterhaltung" könnten die Menschen zueinander finden. "Das Fragemanöver des Lehrers hat leider mit dazu beigetragen, die Schule in eine Gegenstellung zum Leben zu bringen" (ebd. : 13). Die Schüler sollten das "volle Recht zur Frage" erhalten, denn das sei ein "natürlicher" Zustand. Die Schule dürfte ihre Hauptaufgabe nicht in der Übermittlung von Wissensstoff" sehen. Die Schülerfrage habe an Einfluß zu gewinnen, damit aus der Klasse eine "lebendige Arbeitsgemeinschaft" entstehen könne und die Schüler zu gleichberechtigten Partnern würden. Er empfiehlt allerdings "die zuchtvolle Frage", die ein "selbstloser" Beitrag sein soll.

Der erste Schritt zum Gespräch wird vollzogen, wenn die Schüler sich auf alle Gesprächsteilnehmer konzentrieren, die Aufmerksamkeit sich nicht nur auf den Lehrer richtet. Jedoch sollte der Lehrer, sobald die Leistungsgrenze des "Schülergesprächs" erreicht sei, heraustreten "als der Ältere, Erfahrene, Mehrwissende und als der Anwalt einer Lebensführung, die sich vor Gott und den Menschen zu bewähren hat" (ebd. : 15). Da die Schüler einfach noch nicht die Reife besitzen, die ein komplizierter Stoff von ihnen verlangt, müsse die Einfachheit des Stoffes gewährleistet sein. Damit wird die Auswahl des Gesprächsthemas auf den Lehrer verlagert, obwohl er auch den Schülern dieses Recht gewähren will.

Für den Verlauf erstellt er Regeln: Die Schüler sollen sich durch Handaufheben melden. Der Sprecher soll das Wort, sobald er fertig ist, weitergeben. Diese Ordnung gelte für Lehrer und Schüler gleichermaßen. Er empfiehlt ferner, daß Ergebnisse an der Tafel und in einem Protokollheft festgehalten werden.

Zum Schluß kommt er nochmals auf die Bedeutung des Gesprächs zu sprechen, um von diesem Punkt aus, dessen Anwendungsbereich einzugrenzen. Nur über das Gespräch würde der Mensch in den Besitz der sprachlichen Mittel gelangen, mit denen er die Welt erschließen könne.

Das Gespräch als "Mittel der Wahrheitssuche" sei als Schülergespräch nur beschränkt möglich, da dieses nach Berthold Otto nur einen "mittleren Tiefengrad" besitze. Da das "Gemeinschaftsleben" jedoch auf "mittleren Tiefengrad" beruhe und nicht nur auf "Tieflotungen" angewiesen sei, sollten solche Arten von Gesprächen auch in der Schule erprobt werden.

Insgesamt gesehen, hätte allerdings "der Lehrvollzug noch sein volles Recht": "Wissen und Können" könne nicht aus dem Aufgabenbereich der Schule gestrichen werden (ebd. : 16f).

Zu kritisieren ist an Schorer vor allem, daß seine Abhandlung über die Bedeutung des Gesprächs für das Leben keinen Zusammenhang mit seiner weiteren Bearbeitung des Gesprächs in der Schule aufweist. Damit wird dieser theoretische Vorspann funktionslos. Sinnvoll erscheint die Auffassung von der Menschenunwürdigkeit eines Gesprächs, das die Merkmale eines Verhörs trägt.

Sein Ansatz entspricht, von seiner Intention her gesehen, weitgehend der Form eines 'Schülergesprächs'. Allerdings könnten Gleichberechtigung und Symmetrie durch das Kriterium der Lebenserfahrung (Der Lehrer "als der Ältere, Erfahrene, Mehrwissende und als Anwalt einer Lebensführung, die sich vor Gott und den Menschen zu bewähren hat".) zu kurz kommen. Für die praktische Durchführung könnte diese Ausführung so verstanden werden, daß der Lehrer sowohl inhaltlich als auch formal eingreifen kann, wann immer es in Gesprächen 'gottlos' zuzugehen droht. Dagegen steht die Regelung, daß auch der Lehrer sich zu Wort melden muß.

Von der gesamten Konzeption ausgehend läßt sich feststellen, daß Anweisungen zur Gesprächsführung, zum Lehrer - oder/und Schüler-

verhalten zu kurz kommen. Eine Deduktion von praktischen Maß-
nahmen aus den theoretischen Überlegungen findet nur ansatzweise
statt. Die Schlüsse, die aus Schorers Andeutungen gezogen werden
können, gestatten kein eindeutiges Urteil. Die praxisbezogenen
Überlegungen ermöglichen jedoch das Zustandekommen eines
themenbestimmten Schülergesprächs.

Karl Braun: Gesprächsformen für die Hauptschule (1972)

Braun versucht zunächst die Notwendigkeit der Gesprächserziehung
zu legitimieren. Die Einübung von "Toleranz und Ritterlichkeit" sei im
demokratischen Staat zu gewähren. Hinzu komme, daß der Lernerfolg nach einem guten Gespräch um das Doppelte, teilweise sogar um
das Dreifache höher sei als nach einem Lehrgespräch: Schließlich
glaubt er, daß eine Gesprächsform, die dem Reifegrad der Schüler
entspricht, geeignet sei, um Werte wie Ritterlichkeit und Toleranz
adäquat zu vermitteln.

Das "Überangebot starker Reizeindrücke von Außerhalb der Schule",
die das Interesse der Schüler abstumpfen würden, müßte dabei
genauso berücksichtigt sein wie der "Drang der Jugendlichen nach
Selbständigkeit" (Braun, 1972 : 555). Darum empfiehlt er bei der
Gesprächserziehung größeres Gewicht auf neue Formen zu legen.

In einem gesprächstheoretischen Teil grenzt er Gespräch, Diskussion
und Debatte voneinander ab.
Das Gesprächs würde im Unterhaltungston stattfinden, die Meinungsverschiedenheiten seien gering. Bei der Diskussion würden unterschiedliche Meinungen vorliegen. In der Debatte würden sich heftige,
schroffe Gegensätze offenbaren. Das Ziel der gegnerischen Parteien
stehe fest (ebd. : 556).

Daran anschließend baut er verschiedene Gesprächsformen für den
Unterricht auf. Er sieht insgesamt vier Gesprächsformen:
A. Die Schüler lösen ohne Mithilfe des Lehrers vorgegebene Aufträ-
ge.
B. Die Schüler entnehmen aus der Information die Probleme.

C. Informationen und Argumentationen sind in der Hand der Schüler.
D. Anwendung der Gesprächs- und Diskussionsfähigkeit.

Bei Gesprächsform A. führen die Schüler entsprechend ihrem Reife-grad das Gespräch selbständig. Der Lehrer gibt vor einer Diskussion Informationen: Lehrerdarbietung, Lesestücke, Filme etc. Damit wird das Thema vorgegeben. Der Lehrer verteilt dann an die Schüler Aufträge, die diese selbständig lösen. Diese diskutieren die Teilthe-men hintereinander und bestimmen selbst, wann sie ein Thema als beendet betrachten. Als Vorteile dieser Gesprächsform nennt er:

"1. Da der Lehrer nicht direkt beteiligt ist, ist die Form neu.

2. Die Schüler fühlen sich herausgefordert, ohne Lehrer sachlich zu argumentieren und zu guten Ergebnissen zu kommen.

3. Das Bestreben der Schüler nach Selbständigkeit wird weitge-hend erfüllt.

4. Im abschließenden Lehrer - Schüler - Gespräch entsteht ein echtes Partnerschaftsverhältnis" (ebd. : 557).

Bei der Gesprächsform B., die - nach seiner Meinung - am ehesten dem täglichen Leben entspricht, bietet der Lehrer Informationen. Die Problematik, die in diesen Informationen enthalten ist, müssen die Schüler selbst herausfinden (558f).

Bei der Gesprächsform C. übernehmen die Schüler auch noch die Informationsarbeit. Der Lehrer gibt die Themenkreise bekannt, Schül-ergruppen besorgen Material und fertigen Referate an (559).

In der Gesprächsform D. würde die Diskussionsfähigkeit mit Perso-nen des öffentlichen Lebens erprobt (560).

Braun will über die Gesprächserziehung demokratische Einstellun-gen vermitteln. Im Gespräch sieht er die beste Gewähr für eine reibungslose Übertragung von Einstellungen auf die Schüler. Die stufenweise Einübung des Gesprächs unterscheidet sich von anderen phasenweisen Verfahren durch ihre Ganzheitlichkeit.

Gewisse Gesprächssituationen werden nicht ausgeschaltet, Verhal-tensweisen werden nicht einzeln antrainiert. Die einzelnen Gesprächs-

formen unterscheiden sich nur im Grad der Selbständigkeit der Schüler, die bei allen Gesprächsformen den Verlauf des Gesprächs allein bestimmen. Der Lehrer beschränkt sich lediglich darauf, ein Themengebiet bekanntzugeben, auch über das Gesprächsziel entscheiden die Schüler im Gesprächsverlauf.

Bedeutend ist vor allem die Art der Lernzielüberprüfung. Nicht Bildungswissen über Gesprächsführung ist gefragt, sondern die Erprobung des Erfahrenen im gemeinsamen Handeln.

Erich Geißler: Analyse des Unterrichts (1973)

Geißler beschreibt zunächst - von ihm selbst klassifizierte - Gesprächsformen allgemein, dann ihr Vorkommen im Unterricht. Über eine didaktische Abklärung gelangt er dann zu methodischen Formen des Unterrichtsgesprächs, von denen abgelöst er die Anforderungen an das Lehrerverhalten erstellt. Da nennt er die "sokratische" Gesprächsform, in der es um die Überzeugung, "das heißt um die Vermittlung von Werten" ginge. Die Gesprächsteilnehmer ständen nicht auf einer gleichen Ebenen. Vielmehr zwinge ein Teilnehmer dem anderen seinen Gedankengang auf. Das geschehe zwar mit den Mitteln strenger Logik, das Resultat sei jedoch nicht mehr Produkt logischer Operationen allein.

Der pädagogische Wert dieser Gesprächsform sei umstritten. Im Unterricht sei beim 'sokratischen Gespräch' der Lehrende dominierend. "Der Lehrende ist der Steuernde; in keinem Augenblick verliert er die Initiative. Die Antworten des Schülers bewegen sich immer nur in der gedanklichen Vorgabe des Lehrers" (Geißler, 1973 : 195).

Als Nebeneffekte dominanter Verhaltensweisen des Lehrenden vermerkt er emotionale Belastungen und anschließende affektiv determinierte Urteilsverzerrungen beim Lernenden. Dadurch könne die Annahme eines logisch bereits begriffenen Resultats als Überzeugung verhindert werden. Trotzdem spricht er sich nicht prinzpiell gegen diese Gesprächsform aus, da auch die Schüler einmal "den Sachzwang strenger Deduktion erfahren müssen" (ebd. : 196). Außerdem glaubt er, daß der Widerstand, den der Schüler einer solchen Methode entgegenbringt, seine Kritikfähigkeit steigert (ebd.).

Das 'goethische Gespräch' ist - Geißlers Auffassung nach - nicht auf eine Zielsetzung festgelegt. Ein Thema würde von verschiedenen Aspekten her betrachtet. Nicht Gegensätze würden ausgetragen, sondern Meinungen und Argumente ausgetauscht. Die Gesprächspartner seien nicht darauf aus, sich als Sieger oder Besiegte zu trennen. "Die verschiedenen Aspekte kommen gleichermaßen zu Wort. In ihnen kommt gleichsam die Fülle von Argumenten zum Ausdruck, in der sich schließlich die Vielfalt von Meinungen als eine Form höherer Einheit darstellen kann" (ebd. : 196).

Die Qualität des Gesprächs verlangt eine Reihe von Voraussetzungen, wie die "solide Kenntnis von Inhalten" und die Offenheit gegenüber dem Partner und dessen Argumenten. Diese von "bedeutsamen, positiven erzieherischen Nebenwirkungen" besetzte Gesprächsform will er nicht nur als methodisches Mittel, sondern als Erziehungsziel begriffen wissen.
"Denn da Demokratie als fortwährendes Bekenntnis zur Vielfalt des Individuellen anzusehen ist, muß eine sich demokratisch verstehende Erziehung genauso die Fähigkeit zur Artikulation der eigenen Auffassungen bilden wie die Fähigkeit zum Dialog und zur entsprechenden Toleranz gegenüber anderen Meinungen" (ebd. : 197).

Die dritte Gesprächsform, die er als das 'moderne Gespräch' bezeichnet, zeige seine Ausgangslage darin, "daß die Überzeugungskraft eines Gesprächspartners, wie sie sich im 'sokratischen Gespräch' zeigt, gefürchtet und die Entfaltung von Auffassungen, wie sie im 'goethischen Gespräch' vorliegt, gemieden wird.
Einen anderen überzeugen zu wollen, wird gemeinhin als 'Manipulation' abgewertet. Das Bekenntnis zu einer Überzeugung erscheint im besseren Falle als reflexionslose Naivität, (...). Dieser Zustand erklärt die beiden allenthalben beobachtbaren Ausdrucksformen des modernen Gesprächs" (ebd. : 197).

Nachdem er seine Gesprächsformen vorgestellt hat, versucht er über eine didaktische Betrachtung, die Anforderungen an Gesprächsformen in der Schule herauszuschälen. Als Maxime formuliert er: "Ein zeitgemäßer Inhalt, in einer Methodenform vermittelt, die der Bedeutung formaler Lernziele und dem affektiven Untergrund kognitiver Prozesse nicht gerecht wird, läßt nicht nur den Inhalt mit hoher Wahrscheinlichkeit nicht zum Verständnis kommen, sondern wird auch das soziale Verhalten des Schülers im besten Falle unberücksichtigt lassen" (ebd. : 199).

Er unterscheidet als methodische Formen: das Lehrer - Schüler Gespräch und das Schüler - Schüler - Gespräch.

Der Lehrer übernimmt bei erster Form die "Dirigentenrolle", über ihn laufen alle Interaktionen. So erteilt er das Wort, hebt besondere Probleme hervor, drängt wegführende Fragen zurück. Dieser Gesprächsform spricht er solange eine vorherrschende Stellung zu, bis "gruppenkonformes Gesprächsverhalten" eingeübt ist. Sobald auch ein Sachverhalt aufgrund "seiner besonderen logischen Struktur" im Mittelpunkt des Unterrichts stehe, müsse der Lehrer die Gesprächsführung von vornherein behalten oder wieder an sich ziehen, wenn die Stringenz des Gesprächs verloren zu gehen droht.

Das Schüler - Schüler - Gespräch ist durch den Verzicht des Lehrers auf alle formalen Eingriffe gekennzeichnet. Die Gesprächsleitung hat ein Schüler oder eine Gruppe. Da bei solchen Gesprächen ausreichende Basisinformationen aller Teilnehmer für einen ausgeglichenen Gesprächsfluß nötig sei, wenn nicht ganze Schülergruppen zur wachsenden Unlust am Gespräch getrieben werden sollen, müsse der Lehrer Vorinformationen bereitstellen. Problemlose Daten würden allerdings nicht zu einem Gespräch führen. Die Thematik müsse deshalb für die Schüler interessant sein und entsprechend aktualisierend eingeführt werden. Er fordert darum die Umfunktionierung der Hausaufgabe zur Vorbereitung auf das nächste Gespräch (ebd. : 201f). Für das Lehrerverhalten allgemein gilt: Keine Hervorhebung sprachlicher Unbehilflichkeiten bei Schülern, keine Ironisierungen, aber fortgesetzte Ermutigung der Schüler (ebd. : 203).

Die drei Gesprächsformen, die Geißler als "sokratische", "goethische" und "moderne" vorstellt, erscheinen wenig geeignet, 1. die tatsächlich bestehenden Gesprächsformen zu erfassen, 2. sind sie stark idealisiert und deshalb in Wirklichkeit nicht vorfindbar. Trotzdem hat Geißler ihre Anwendbarkeit im Unterricht präzise herausgearbeitet.

Die "sokratische" Gesprächsform kommt dem Lehrgespräch sehr nahe, obwohl es in diesem nicht vordergründig um Überzeugung im eigentlichen Sinne, sondern mehr um Wissensvermittlung geht. Geißler betont , daß diese Gesprächsform ihr Recht auf Anwendung im Unterricht besitzt.

Die "goethische" Gesprächsform Geißlers zeigt Übereinstimmung mit Geißners "Klärungsgespräch", wenn auch der Sektor der Symmetrie völlig von Geißler ausgeklammert wird. Vielmehr unterschiebt er der Gesprächsform von vornherein 'pluralistische' Qualitäten, die ohne Berücksichtigung der Machtpositionen der am Gespräch Beteiligten zu einer Harmonisierung beitragen.

Bei der Beschreibung der dritten Gesprächsform kommt er zu keinen positiven Aussagen, dem Leser wird nur angedeutet, was diese Gesprächsform nicht ist.

Leider geht Geißler bei der Erstellung von Unterrichtsgesprächsformen nicht mehr auf seine Vorüberlegungen ein. Diese trennt er wohl absichtlich von den ersteren, indem er sie als "methodische Formen" bezeichnet. Damit billigt er den ersten Gesprächsformen einen Bildungswert, einen erzieherischen Wert zu, während er die "methodischen Formen" zum Werkzeug des Lehrers macht. Dabei übersieht er sehr wohl, daß mit dem Unterrichtsverfahren bereits Entscheidungen über übergreifende Lernziele fallen.

Er kennt im Bereich der "methodischen Formen" nur das Lehrer - Schüler - und das Schüler - Schüler - Gespräch. Die erstere Form entspricht dem Lehrgespräch, demnach auch seinem "sokratischen" Gespräch, wobei der Lehrer dominiert.

Die zweite Gesprächsform tendiert zum themenbestimmten Schülergespräch, da der Lehrer nur über das Thema entscheidet. Leider stehen seine Vorschläge zur Durchführung des Unterrichtsgesprächs in einem Mißverhältnis zu seinen anderen Überlegungen, d. h., Geißlers Ausführungen bleiben letztlich interpretierbar.

Gertrud Ritz-Fröhlich: Das Gespräch im Unterricht (1977)

Ritz-Fröhlich greift sehr ausführlich auf theoretische Überlegungen zurück. Das Gespräch "als Kommunikations - und Lernform" betrachtet sie unter dem Gesichtspunkt der Erziehungsziele, unter dem Aspekt seiner Strukturen und seiner Formen im außerschulischen und innerschulischen Bereich. Daraus entwickelt sie im zweiten Teil ihres Beitrages "didaktische Möglichkeiten einer Gesprächserziehung in der Primarstufe".

Sie nennt eine Reihe von Qualifikationen, mit denen die "demokratische Schule" ausgestattet sein müsse: Emanzipation oder Mündigkeit, Kommunikationsfähigkeit und Kreativität. Dabei hebt sie die Kommunikationsfähigkeit heraus und in dem Bereich der Kommunikation vor allem "die Fähigkeit zum Gespräch", da diese "eine der grundlegenden Fähigkeiten (ist), die für die Teilnahme und das Sich - Behaupten im gesellschaftlichen Leben sowie für die produktive Einwirkung auf dieses Leben notwendig ist" (Ritz-Fröhlich : 12). Erziehung und Unterricht hätten die Aufgabe, bereits in der Grundschule Schüler zum selbstbestimmten und begründeten Handeln, zum Erproben kreativer Lösungsstrategien sowie zum Vollzug von Kommunikation zu ermutigen (ebd. : 12).

Ihre Legitimation des Gesprächs im Rahmen der "Förderung der Kommunikationsfähigkeit" schließt sie mit folgenden Begründungen ab:

a. es fordere und fördere den konkreten Vollzug mündlicher Kommunikation,
b. es mobilisiere in seiner Vollform verschiedenste Sprecher - und Hörerqualifikationen,
c. in ihm entwickele sich nicht nur Kommunikationsfähigkeit, sondern sie erweise sich zugleich im Gespräch,
d. es integriere Zielkomplexe, wie Emanzipation, Kommunikation, Kreativität, da es im Kommunikationsvollzug selbst Selbst- und Mitbestimmung, Kritik- und Urteilsfähigkeit sowie produktive Lösungsansätze der Gesprächsteilnehmer zur Geltung bringe (ebd. : 13).

Im Anschluß untersucht sie Strukturen und Formen des Gesprächs. Als konstitutive Faktoren führt sie an: a. Redepartner, b. Themen und c. Redeformen, die sich im Idealfall wechselseitig und störungsfrei aufeinander beziehen (ebd. : 15).

Sie entwickelt eine Liste von Qualifikationen, die den idealen Redepartner kennzeichnen und als Gesprächsstrategien zum Gelingen oder Mißlingen des Gesprächs beitragen. die außerschulischen Gesprächsformen trennt sie in a. Plauderei, Unterhaltung, b. Gespräch und c. Diskussion, die sie voneinander abgrenzt.

Sie verfolgt mit der Darstellung dieser Gesprächsformen die Absicht, die Besonderheiten der schulischen Gesprächsformen deutlich zu machen (ebd. 16 - 18). Die schulischen Gesprächsformen sind durch die Aufgaben und Ziele des Unterrichts und der besonderen Situation der Schule geprägt. Unterricht betrachtet sie als einen sprachlichen Verständigungsprozeß, als ein Miteinander - Sprechen. Dieser Prozeß enthalte seinem Wesen nach "solche Faktoren, die Kommunikation überhaupt grundlegen: nämlich Personen (Schüler - Lehrer - Schüler) und damit Redepartner, die sich innerhalb ihres besonderen Kommunikationsrahmens (Schulklasse, alterspezifische Gruppierung zum Zwecke der Einrichtung) von unterschiedlichen Erwartungen und Absichten getragen, gemeinsam handelnd (manuell, denkend, verbal) mit Hilfe von bestimmten Redeformen und unter Anleitung des Lehrers mit Sachverhalten (Themen, Lehrgegenständen) auseinandersetzen" (ebd. : 19).

Entgegen dieser Gemeinsamkeiten muß sie aber feststellen, daß die situativen Rahmenbedingungen dem Gespräch Beschränkungen auferlegen: Die Schule ist ein amtlich-öffentliches Gebäude mit Klassenzimmern. Dies habe Auswirkungen auf die Gesprächsatmosphäre. Die kommunikativen Beziehungen seien ohne spontane und problemlose Gesprächsbereitschaft, das Miteinandersprechen sei bestimmt vom Lernzweck und vom Unterrichtsinhalt bzw. -ziel. Den Redepartnern würde zeitliche Ausdehnung und Form des Miteinandersprechens vorgeschrieben. Diese Vorschriften würden sich nach pädagogischen und didaktischen Zielen richten, die ein hohes Maß an Lenkung und Konzentration erfordern. Vor allem seien die Äußerungen öffentlich und würden bewertet (ebd. : 19f). Das Gespräch bezeichnet sie als "eine Weise des Lernens neben anderen" und stellt fest, daß das Wesen des Unterrichts das Gespräch in der Schule zielgerichtet mache (ebd. : 20).

Als Unterrichtsgespräch will sie "alle für Unterricht typischen und im Unterricht zur Geltung kommenden Gesprächsformen" verstanden wissen.

Sie unterscheidet Groß - und Kleinformen von Unterrichtsgesprächen und verzichtet auf die übliche Unterscheidung von freien und gebundenen Unterrichtsgesprächen, da a) Unterrichtsgespräche immer thematisch und vom Lernziel her gebunden seien, b) Unterrichtsgespräche immer freie Meinungsäußerung und Freiheit der Rede gewährleisten müßten.

Sie unterscheidet:

1. Rund- oder Kreisgespräche,
2. Klassen- oder Großgruppengespräch,
3. Diskussion,
4. Gespräch über das Gespräch (ebd. : 21 -24)

und Kleinformen des Unterrichtsgesprächs:

1. das Partnergespräch,
2. das Gruppengespräch (ebd. : 25f).

Im Rahmen des Kapitels "Das Gespräch als schulische Lernform" versucht Ritz-Fröhlich den Ort des Gesprächs im Rahmen der schulischen Lernformen zu bestimmen und seine didaktischen Leistungen aufzuweisen. Unterrichtsgespräch will sie zunächst der entdecken-lassenden Lernform zuordnen, glaubt aber, daß im konkreten Vollzug alle drei Unterrichtsverfahren (darstellende, erarbeitende bzw. entdecken-lassende) ins Gespräch zu integrieren wären (ebd. : 28f.). Mit der Überprüfung der Leistungsfähigkeit des Gesprächs, im Hinblick auf den Lerngegenstand und im Hinblick auf die Gesprächsteilnehmer, versucht sie seine Anwendbarkeit in den verschiedensten Situationen des Unterrichts zu ergründen. Sie kommt zu folgendem Ergebnis: "Gespräch ist damit die Lernform, die nicht nur die Perspektivität von Sachverhalten und damit Vielschichtigkeit von Lerngegenständen

sichtbar macht, sondern zugleich in der produktiven Auseinandersetzung der Lerngruppe mit diesen Sachverhalten ein Lernen in verschiedenen Lernweisen ermöglicht und permanent unterstützt (ebd. : 30).

Nachdem sie den Anwendungs- und Wirkungsbereich in der Breite
abgeklärt hat, gelangt sie durch die Tiefenanalyse eines Gesprächspro-
tokolls "unter dem Aspekt von Lehrer - und Schülersprache im
Unterricht" zu vier Folgerungen für die Unterrichtspraxis:

1. "Da sich das Gespräch als didaktische Lernform dadurch auszeichnet, daß in ihm die Mehrperspektivität eines Sachverhalts zur Sprache
gebracht wird, müssen für das Miteinander-Sprechen im Unterricht
solche Themen ausgewählt werden, die wegen der Vielfalt der Aspekte die gemeinsame Anstrengung aller am Unterricht Beteiligten erfordert" (ebd. : 51).

2. Die größte sprachliche Zurückhaltung des Lehrers, der Verzicht auf
ständige Bewertung, d.h. Zeit zum Ausreifen eigener Einsichten
seitens der Schüler, beeinflußt günstig den Lernprozeß.

3. "Voraussetzung für eine solche Haltung des Lehrers ist, daß er dem
Sprechen der Schüler als Form geistiger Aktivität einen hohen Wert
zumißt und daß er die fördernde Wirkung der Sprechhandlung für die
geistige Erarbeitung und Aneignung von Lerngegenständen im Unterricht bewußt einsetzt" (ebd.).

4. "Das Miteinander-Sprechen als Klärungsversuch von Sachverhalten und Problemen, stellt sich letzlich selbst als ein Lernprozeß, der
vom ersten Schuljahr an initiert werden muß, steuert sich weitgehend
selbst, wenn die Schüler angstfrei sprachlich aktiv werden können, d.
h. häufig Gelegenheit zu sachbezogenen geistigen Auseinandersetzungen erhalten, in denen sie sich der Sprache als Lernhilfe bedienen"
(ebd. : 52).

Etwas losgelöst von diesen Ausführungen stellt sie "Didaktische
Möglichkeiten einer Gesprächserziehung in der Primarstufe" dar. Sie
entscheidet sich für eine "ganzheitliche" Gesprächserziehung, nicht
für ein getrenntes Lernen von Teilschritten (ebd. : 53f). Im Rahmen
von emanzipativen und kreativen Zielkomplexen, die das Gespräch
als kommunikatives Handlungsfeld integriere, gelangt sie zum Ziel

der Gesprächserziehung in der Primarstufe: "Die Schüler können am Ende der Grundschule in relativer Selbständigkeit und in unterschiedlichen Gesprächsformen geregelt sach- und problembezogene Gespräche führen" (ebd. : 55).

Unter dieser Perspektive ortet sie Bedingungen und Voraussetzungen für eine erfolgreiche Gesprächserziehung: die Klassenatmosphäre müsse die äußeren Bedingungen bereitstellen, damit Gesprächsbereitschaft entwickelt werden könne. Gesprächsbereitschaft sieht sie als eine der Grundvoraussetzungen.

Sie fordert als organisatorische Voraussetzung eine gemeinsame Raumgestaltung und die Veränderung der Sitzordnung mit dem Ziel des Gesprächskreises, der Gleichberechtigung optisch sichtbar mache. Die Schüler sollten dies auch einsehen und nicht als willkürlich erfahren (ebd. : 59f).

Als weitere Voraussetzung nennt sie eine vernünftige Zeiteinteilung: Schulanfang: 10 Minuten, dann 15 - 20 Minuten. 2. Schuljahr: erste Unterrichtsstunde. 3. und 4. Schuljahr: reservierte Zeit und Zwischenphasen (ebd. : 64f.). Den wichtigsten Part nehmen die "Voraussetzungen bei den Gesprächspartnern" ein.

Bei den Schülern unterscheidet sie zwischen Schülern in sprechungeübten Klassen und Schülern im Schulanfang. Bei Schülern im Schulanfang ergeben sich Sprechbarrieren durch die neuen Kommunikationsbeziehungen der Kinder untereinander. Sprechen spielt sich nicht mehr im privaten Raum ab, sondern wird öffentlich. "Sprechbereitschaft und damit auch das Anbahnen einer Gesprächshaltung kann beim Schulanfänger daher nur auf der Basis des Sich-kennens erwartet werden" (67).

Möglichkeiten zur Selbstdarstellung bieten ihres Erachtens am ehesten die Gewähr für den Abbau von Unsicherheit und Angst und den Aufbau von Selbstwertgefühlen.

Eine Atmosphäre des Vertrauens unter den Klassenkameraden gestattet den Schülern, ihre Scheu zu überwinden. Ebenso können Sprechanlässe ausgewählt werden, die den Schülern ihre vertrauten außerschulischen Sprechtätigkeiten erlauben.

Sie kommt zum Fazit: Vordringliche Aufgabe einer Gesprächserziehung ist es daher, Anlässe und Situationen zu schaffen, die Sprechbereitschaft auslösen und kommunikative Beziehung ermöglichen. Über die Handlungsaktivitäten hinaus, die sich etwa bei der gemeinsamen Aufgabe der Raumgestaltung ergeben, sollten die Anlässe zunächst auf die kommunikativen Bedürfnisse der Schulanfänger zugeschnitten sein" (ebd. : 69). Dazu sei es erforderlich, den Schülern möglichst viele Gesprächsmöglichkeiten zu eröffnen (ebd. : 70). Bei Schülern in sprechungeübten Klassen lassen sich "kommunikative Mängel" auf "didaktische Versäumnisse" zurückführen. Rivalität und Konkurrenzstreben, eine hohe Zahl von Nicht - Sprecher und leiterzentriertes Sprechen seien die Folge (ebd. : 71).

Sie empfiehlt zur Verbesserung der Ausgangssituation eine organisatorische Veränderung und eine Änderung der inneren Einstellungen. Auch hier nennt sie als wichtigste Voraussetzung der Gesprächsbereitschaft das Vertrauen der Schüler untereinander, das auf dem Sich - Kennenlernen und Aufeinandereinstellen beruht. Dieses sei vornehmlich zu fördern durch Spielformen und gemeinsame Vorhaben. Gruppenspiele würden die Zuwendung und Interaktion heben; rollen - und darstellende Spiele provozieren Ansätze zu Gesprächsformen (ebd. : 75).

Weitere Voraussetzungen zur Auslösung von Gesprächsbereitschaft sind in der Person des Lehrers zu finden. Die Befähigung der Schüler zum Gespräch sei entscheidend abhängig vom Lehrerverhalten. Der Lehrer selbst müsse gesprächsfähig sein: "Gesprächsfähig sein bedeutet nicht nur, Zuhören und Sprechen so auszubalancieren, daß Sprechdominanz vermieden wird und die Fähigkeit des Zuhörenkönnens wächst. Gesprächsfähigkeit setzt gerade im Unterricht auf die Gesprächsbereitschaft des Lehrers. Er muß von der Wichtigkeit des Gesprächs als Lernform überzeugt sein und daher auch genügend Zeit für das Miteinandersprechen einplanen und zur Verfügung stellen" (77).

Konkret fordert sie vom Lehrer:
- Reduzierung des Lehrersprechanteils auf ein Drittel der Gesamtredezeit.

- Flexible Sprechintonation und Variabilität im extraverbalen wie im verbalen Repertoire.
- Konsequente Bemühung um eine symmetrische und reversible Kommunikation.
- Gebrauch von indirekten, sparsam gesetzten aber weitreichenden Impulsarten.
- Akzeptierung von Redegewohnheiten und Sprechhaltungen der Schüler.
- Alle Äußerungen der Schüler sollen beachtet und - wenn sie sachlich und formal nicht korrekt sind - anfänglich positiv bestärkt werden.
- Korrektur und Bewertung dieser Äußerungen sollten nur zu Schulbeginn indirekt und konstruktiv vorgenommen werden.
- Die Hilfen zum Weiterdenken, aber auch zur Problematisierung von Aussagen, sollten vorwiegend aus den Schülerbeiträgen erwachsen. Die Hilfen sollten vom Lehrer eher als Verweis auf Gesagtes anstatt in Form eigener Lösungsvorschläge gegeben werden.
- Die Schüler - nicht der Lehrer - sollen aus ihren kommunikativen Erfahrungen Gesprächsregeln formulieren.
- Die Gesprächsführung sei weitgehend von thematischen Bezügen und immanenten Gesprächsregeln und deren Einhaltung abhängig. Deshalb brauche die Gesprächsleitung auch in der Grundschule nicht ausschließlich beim Lehrer liegen (ebd. : 78f).

Ritz-Fröhlich legitimiert das Gespräch als die Form von Kommunikation, die Lernziele wie Selbst- und Mitbestimmung, Kritik - und Urteilsfähigkeit integriert. Diese Fähigkeiten lassen sich als 'kritische Mündigkeit' zusammenfassen. Damit übernimmt sie Zielvorstellungen des Klärungsgesprächs.

Die Ableitung übergreifender Lernziele erfolgt aus dem Begründungszusammenhang von Kommunikationsfähigkeit, läßt aber die Legitimation für ein Lernziel "Kommunikationsfähigkeit" ohne weiteren Begründungszusammenhang.

In ihrer Auseinandersetzung mit Strukturen und Formen des Gesprächs beschreibt sie die schulische Situation realitätsgerecht, kommt aber zu keiner kritischen Stellungnahme gegenüber den Verhältnissen. Sie akzeptiert die Auffassung, daß das Gespräch eine

Weise des Lernens sei, und daß es vor allem zu bestimmten Zwecken eingesetzt werden kann. Damit ordnet sie diese mehr lerntheoretischen Aspekte den emanzipatorischen Zielsetzungen über.

Positiv zu bewerten, ist die Auffassung, daß Miteinandersprechen als Klärungsversuch von Sachverhalten und Problemen begriffen wird und als Lernprozeß selbst der Übung bedarf. Es ist insofern sinnvoll, ein Kapitel "Didaktische Möglichkeiten einer Gesprächserziehung in der Primarstufe" anzuschließen.

Sie sieht in der Entwicklung von Gesprächsbereitschaft bei den Schülern die vordringliche Aufgabe der Gesprächserziehung in dieser Altersstufe.

Dabei muß erwähnt werden, daß Ritz-Fröhlich nicht nur die Voraussetzungen bei den Schülern durchleuchtet, sondern ebenfalls das Lehrerverhalten als Voraussetzung für die Anbahnung eines Gesprächs als Voraussetzung berücksichtigt.

Mit der Einsicht, daß die Gesprächsfähigkeit der Schüler die Gesprächsfähigkeit der Lehrer voraussetzt, entspricht sie den Forderungen eines sozialpragmatischen Konzepts, wobei einschränkend zu erwähnen ist, daß sie in der Darstellung der Strukturen und Formen des Gesprächs nicht auf die Problematik von Symmetrie und Asymmetrie einging.

Freilich setzt Ritz-Fröhlich ihre Gesprächserziehung für die Primarstufe an, wo ein völliges Zurücktreten des Lehrers kaum stattfinden kann. In der Tendenz sorgte Ritz-Fröhlich dafür, daß die Zielsetzungen einer emanzipatorischen Didaktik Eingang in ihre Gesprächserziehung fanden. Dabei stehen ihre Vorschläge im Begründungszusammenhang von Kommunikations- und Lernformen. Durch die - aufgrund der Primarstufe - bestehende und nicht völlig abbaubare Lehrerdominanz kann ihre Konzeption nicht dem Schülergespräch zugeordnet werden.

Manfred Pschibul: "Der Lehrer lerne schweigen, damit die Schüler reden lernen" - Gesprächserziehung in der Hauptschule (1979)

Unter der Herausgeberschaft Kristian Kunerts veröffentlichte Manfred Pschibul 1979 in "Beispiele zum offenen Unterricht" einen Beitrag zur Gesprächserziehung in der Hauptschule: "Der Lehrer lerne schweigen, damit die Schüler reden lernen". Er gehört zu einem der frühen und doch insgesamt immer noch nicht übermäßig häufigen Beiträge der Ansätze des 'Offenen Unterrichts' zur Gesprächserziehung bzw. zum Unterrichtsgespräch, obwohl gerade der 'Offene Unterricht' zahlreiche Überschneidungsfelder zu kommunikativen Konzepten besitzt (Bönsch, 1991 : 40ff).

Pschibul kritisiert die lehrerzentrierte Kommunikation und auch die Ansicht, daß sich die Kommunikationssituation grundlegend ändere, "wenn die Schüler gewohnt sind, sich gegenseitig aufzurufen. Die Schüler geben zwar die Frage, den Impuls des Lehrers weiter (in Form einer Antwortkette), die einzelnen Beiträge der Schüler bleiben jedoch auf den Lehrer orientiert" (Pschibul, 1979 : 69).

Dagegen vertritt Pschibul die Auffassung, daß der Lehrer in einem Unterrichtsgespräch "sowohl in der Leitung des Gesprächs wie in der Strukturierung des inhaltlichen Ablaufs" Zurückhaltung üben und nur steuernd eingreifen soll, "wenn sich das Gespräch zu weit vom Thema entfernt oder die Schüler nicht weiterfinden" (ebd. : 69).

Den Schülern wird inhaltliche Planungskompetenz und verfahrensmäßige Eigenständigkeit zugestanden. Er will die Schüler "an Strukturierung und Planung" beteiligen, wobei er realistisch einsieht, daß diese Verfahren "zunächst zeitlich aufwendiger" sind und "intensiver Übung" bedürfen (ebd. : 71). Er entwirft einen Überblick über "Inhalte einer Gesprächserziehung", in denen Grundqualifikation in Teilleistungen aufgeschlüsselt werden.

Zu den Grundqualifikationen gehören:

" 1. Mit einer Person in Kontakt treten;

2. Zuhören und verstehen, d.h. neben dem Verstehen einer sachbe-

zogenen Information ... auch erschließen können der Auffassung, des Standpunktes und der Absicht des Sprechers;

3. Seine Anteilnahme am Gespräch bekunden;
4. Fragen stellen;
5. Informieren;
6. Antworten;
7. Über untersschiedliche Redeformen verfügen und diese situationsspezifisch und adressatenbezogen anwenden;
8. An Planung und Weiterführung eines Gesprächs teilnehmen;
9. An der Gesprächsleitung mitwirken bzw. diese übernehmen;
!0. Über den Ablauf eines Gesprächs sprechen" (ebd., 74 - 76).

Die unter diesen "Grundqualifikationen" ausgearbeiteten "Teilleistungen" entsprechen z.T. den Zielen für Gesprächsteilnehmer und Gesprächsleiter des sozialpragmatischen Ansatzes. Zur Praxis der Gesprächserziehung empfiehlt Pschibul in Anlehnung an Ritz-Fröhlich eine veränderte Sitzordnung (ebd. : 77), eine behagliche Klassenzimmeratmosphäre (ebd. : 78) und partner- bzw. gruppenbezogene Arbeitsformen, "wobei sich Kleingruppen- bzw. Großgruppen wechselseitig ergänzen" (ebd. 78f).

Zum Abbau der Lehrerzentrierung unterstützt er die Durchführung von Projekten, die Zurückdrängung von "Stoffülle und Leistungsdruck" (ebd. : 79). "Das Gesprächsverhalten des Lehrers" erkennt er als einen zentralen Lösungspunkt. Darum wünscht er offene Fragen (ebd. : 79) und einen Rückzug aus allen gesprächssteuernden - inhaltlich und verlaufsbezogenen - Äußerungsformen (ebd. : 80).

Mit 'Interaktionsspielen' (ebd. : 81f), Methoden des Zuhören - Lernens (ebd. : 82f) und erstellung von Gesprächsregeln (ebd. : 83f) werden Möglichkeiten konkreter Anwendung im Unterricht umrissen.

Als Beispiel zur Planung und Ablauf von Gesprächen präsentiert er im Rahmen eines Unterkapitels "Miteinandersprechen als Entscheidungsfindung" das sogenannte "NASA - Spiel". Ziele und einzelne

Vorschläge zum Gesprächsunterricht sind plausibel und als Auflokkerung und Übung einzelner Fähigkeiten sinnvoll, insgesamt fehlt ein ganzheitlich überzeugender Zugriff, den auch das NASA - Spiel nicht bieten kann, damit der Gesprächsunterricht mit dem Lernziel Gespräch in ein Unterrichtsgespräch mit dem Ziel des schülerorientierten Lernens münden kann.

6. Zusammenfassung und Schlußfolgerungen

6.1. Die Auswertung der unterschiedlichen Ansätze zum Unterrichtsgespräch

Die im ersten Teil der Untersuchung beschriebenen und bewerteten Ansätze des Unterrichtsgesprächs, die das Lehrgespräch repräsentieren, haben gemeinsam, daß es ihnen an 'gesprächstheoretischem Überbau' mangelt. Meist begnügen sich die 'älteren' Autoren mit Hinweisen auf die Reformpädagogen (Höller), bieten aber keine zusammenhängenden Erklärungen.

Andere liefern überhaupt keine gesprächstheoretischen Erörterungen (Behrendt, Katzer). Den Maßnahmen, die sie zur Durchführung des Unterrichtsgesprächs empfehlen, fehlen deshalb durchgehende Leitgedanken und einheitliche Begründungen. Deshalb erscheinen sie oft willkürlich und manchmal wenig plausibel.

Oft weisen die Autoren darauf hin, daß sie dem "Unterrichtsgespräch", das oft mit dem Lehrgespräch gleichgesetzt ist, keineswegs eine Monopolstellung einräumen. Es wird als eine Form neben des Lehrvortrags, das dem darbietenden Verfahren entspricht, betrachtet, dem es zu weichen hat, wenn das effektiver für die Unterrichtsökonomie ist.

Kein Autor versucht das Bedingungsgefüge, in dem das Unterrichtsgespräch steht, zu analysieren. Der Bereich der Lehrerausbildung und der Qualifikationen, die der Lehrer zu seinem Kommunikationsverhalten benötigt, wird bis auf zwei Ausnahmen völlig ausgeschlossen. Wahrscheinlich erachten die Autoren es für ausreichend, wenn der Lehrer/die Lehrerin ihrer Gesprächsregelung folgt.

Die Gesprächsregeln begünstigen meist die Lehrerinnenposition, auch dann, wenn die Autorinnen die Kreisform, den Halbkreis oder die Hufeisenform als Sitzordnung vorschlagen. Die Schüler dürfen das Wort formal an andere weitergeben, ohne daß sich an 'den objektiv bestehenden Macht - und Kommunikationsverhältnissen' auch nur das Geringste ändert. Das Gespräch bleibt asymmetrisch, auch wenn vorhergehende Postulate die Erziehung zur Demokratie beinhalten. Die wenigen Autoren, die ihr Lehrgespräch aus dieser Richtung begründen, explizieren oder implizieren damit nicht Lernziele wie "kritische Mündigkeit" oder Gleichberechtigung.

Viele Autoren der hier untersuchten Ansätze sind Zeitgenossen Adenauers. Ihre Ansätze sind in den fünfziger und frühen sechziger Jahren herangereift. Vielfach stehen sie deshalb unter dem Eindruck der damals vorherrschenden Partnerschaftsideologie und der zeitweise propagierten Idee der "formierten Gesellschaft". Diese Ansätze wurden begünstigt durch das Klima des Wiederaufbaus, das keine Konflikte duldete, und später durch die Erfolge des "Wirtschaftswunders". Der demokratische Gedanke durfte nach 12 Jahren Diktatur und vor allem nach der Entnazifizierung nicht völlig fehlen, doch mußte er auf den politischen Bereich beschränkt bleiben. Folglich bezeichnen viele Geschichtsschreiber diese Zeit als 'Restaurationsphase'. Die Gewerkschaften ordneten sich dem Gemeinwohl unter, die SPD erlebte ihr 'erstes' Godesberg. Primär nicht "Demokratisierung" war die gesellschaftliche Zielstellung, sondern "Wohlstand für alle". "Keine Experimente" - das galt auch im Bildungsbereich, der nach anfänglichen Veränderungen während der alliierten Besatzung der restaurativen Phase der fünfziger Jahre zum Opfer fiel.

Das 'Lehrgespräch' paßte sehr gut in das allgemeine Klima und in das autoritätsfixierte Bild des Lehrers. Das Lehrgespräch löste den längst veralteten Lehrvortrag ab, ohne auch nur am Lack der weiterbestehenden Machtstrukturen zu kratzen. Nach außen gab das 'Lehrgespräch'

- als 'moderne' Unterrichtsform - einen Bestandteil der demokratischen Fassade des Bildungssystems ab, nach innen tangierte es aber
auch nicht die Lehrer und Lehrerinnen, die sich methodisch und
inhaltlich 'treubleiben' wollten.

Zu den Vertretern des Lehrgesprächs gehören auch Autoren, deren
Werke in den 70er Jahren erschienen sind. Diese Autoren stammten
aus der ehemaligen DDR. Dort freilich nahm die gesellschaftliche und
politische Entwicklung einen anderen Verlauf. Was bedeutet es nun,
daß diese Autoren in einer Reihe mit den Vertretern der Partnerschaftsideologie zu finden sind? Es unterstreicht die Tatsache, daß in wenig
stabilen oder noch labilen Gesellschaftssystemen Konflikte uner-
wünscht sind. Solche Systeme können es sich nicht leisten, sich in
Frage zu stellen oder stellen zu lassen. Symmetrische Kommunikationsbeziehungen allerdings setzen bei den Gesprächsteilnehmern voraus, daß sie bereit sind, sich in Frage stellen zu lassen. Damit
unterstreicht gerade die Ablehnung, auf die ein symmetrisches Gespräch in der Schule trifft, seine potentiell "systemverändernde"
Wirkung und die Befähigung der Gesprächsteilnehmer zum positiven
Transfer.

Die Autoren, die zu dem Ansatz des verlaufoffenen Lehrgesprächs
gerechnet werden können, sind ganz unterschiedlichen Zeitepochen
zuzurechnen. Inhaltliche und formale Parallelitäten weisen jedoch auf
gedankliche Verwandtschaften hin. So läßt sich ein allgemeines Defizit an demokratischer, d.h. politischer Legitimation registrieren. Die
wenigen Autoren, die überhaupt derartige Zielsetzungen für das
Unterrichtsgespräch explizit erwähnen, führen keinen ausführlichen
Begründungsgang durch.

Damit bleiben diese Erwägungen für die weiteren gesprächstheoretischen Aspekte und deren Realisierung in praktischen Anweisungen
für Lehrer- und Schülerverhalten ohne Relevanz. Andere verzichten
dagegen völlig (Becker, Leuthold) oder nur teilweise (Meyer, Graucob, Essen) auf einen gesprächstheoretischen Überbau. Den Autoren
hingegen, die theoretische Erörterungen grundlegen, läßt sich ein
erhebliches Abweichen von gesprächstheoretischen Einsichten in
ihren konkreten Praxisvorschlägen nachweisen (Kumetat).

In der Regel erkennen viele Konzeptionen die Offenheit des Gesprächsverlaufs an, akzeptieren die Mitbestimmung der Schüler an der Gestaltung des Gesprächsablaufs, geben dann aber durch die Hintertür der "pädagogischen Situation" (Kumetat) Eingriffsmöglichkeiten für den Lehrer/die Lehrerin, die die gesprächstheoretischen Vorsätze relativieren.

Die Ansätze, die in Richtung des verlaufoffenen Lehrgesprächs tendieren, erkennen das Recht auf Mitbestimmung der Schüler explizit oder implizit an, nehmen in der Unterrichtswirklichkeit den Schülern aber die gleichberechtigte Stellung, indem der Lehrer/die Lehrerin ja nicht nur Thema und Ziel bestimmt, sondern mit einem quasi Vetorecht die tatsächlichen Entscheidungen über den Gesprächsverlauf fällt. Mitwirkungsmöglichkeiten bieten den Anschein der Beteiligung an Entscheidungen, die letztlich dann doch von einer Leiterpersönlichkeit (oder von Leiterzirkeln) gefällt werden.

Bei den Ansätzen zum themengebundenen Schülergespräch überwiegen die Unterschiede zwischen den einzelnen Konzeptionen.
Fischer fordert als Erziehungsziele "Toleranz" und "Duldsamkeit", läßt aber in der Praxis kritische Stellungnahmen zum Gesprächsverlauf und zum Gesprächsinhalt zu. Trotzdem darf der Lehrer den Unterricht lenken, allerdings nur mit gestischen Mitteln. Erker kritisiert die praktizierten Unterrichtsgespräche, fordert sozialintegratives Verhalten des Lehrers und strebt Selbständigkeit als Lernziel an. Konkrete Hinweise sind nicht vorzufinden. Odenbach hingegen leistet keine gesprächstheoretische Vorarbeit, äußert sich aber aus moralischen Gründen zugunsten einer partnerschaftlichen Gesprächshaltung. Singer kommt unter eher phänomenologischen-gesprächserzieherischen Aspekten zur Forderung nach "geistiger" Selbständigkeit durch die gesprächserzieherische Wirkung von Unterrichtsgesprächen. Rössner betreibt eine ausführliche Analyse von Literatur zum Gespräch, regt eine demokratische Gesprächshaltung an und reduziert die Lehrerdominanz in seinen Praxisvorstellungen erheblich. Schorer beschäftigt sich allgemein mit dem Gespräch, unterläßt aber Vorschläge zur praktischen Durchführung. Ritz-Fröhlich ist besonders hervorzuheben: Sie ist die einzige Autorin, die umfassend das Bedingungs-

gefüge des Unterrichtsgesprächs untersucht, bevor sie ihre Gesprächserziehung darlegt. Sie beschäftigt sich mit den konstitutiven Merkmalen und Strukturen und Formen des Gesprächs, sie bezieht sich auf die Ziele einer emanzipativen Erziehung, untersucht die situativen Bedingungen des Unterrichts und dessen Vorfelds, und schließlich erkennt sie, daß die Gesprächsfähigkeit der Schüler an die des Lehrers geknüpft ist. Eine Gesprächserziehung, die auf die von ihrer Konzeption geschaffenen Voraussetzungen aufbaut, kann es möglicherweise bereits in der Orientierungsstufe zu Schülergesprächen bringen.

6.2. Unterrichtsgespräche und offener Unterricht

Ein symmetrisches Gespräch kann in Grundschulklassen und auch in Klassen der Sekundarstufe I aufgrund der Reife der Schülerinnen nicht ohne weiteres und nicht immer stattfinden. Deshalb ist es verständlich, wenn auch Autoren wie Pschibul, die der Konzeption 'offenen Unterrichts' zuzuordnen sind, nicht ausschließlich reine Schülergespräche anstreben. Diese Unterrichtsphilosophie erkennt zwar 'grundlegende Gesprächserziehung' als 'Voraussetzung für freies Arbeiten' (Breuer, 1990 : 9ff) an, setzt diese Erkenntnis aber nicht systematisch in einen eigenen Ansatz zum Unterrichtsgespräch um.

Die Flutwelle an Literatur zur sogenannten Freiarbeit spült vor allem Vorschläge zur Gestaltung von Arbeitsmitteln ins Klassenzimmer (Sennlaub, 1990). Gerade dabei sind doch Unterrichtsgespräche zum Beispiel bei Einführung von Spielen (Vgl. Sennlaub, 1990 : 20f) oder von Schlußbesprechungen (ebd. : 236f) von Bedeutung. In der einschlägigen Literatur wird die Möglichkeit des Unterrichtsgesprächs oft nur peripher berührt, Ratschläge erscheinen manchmal hilflos: "Durcheinanderrufen zerstört die fruchtbare Kommunikation" (Walz, 1992 : 31f).

Werden dagegen gesprächserzieherische Überlegungen im Rahmen eines offenen Unterrichtskonzeption veranschaulicht, enthalten sie oft wenig Gedanken zu Unterrichtsgesprächen.

Ein gutes Beispiel dafür ist der Beitrag Breuers zur Gesprächserziehung im Rahmen der "Freien Arbeit". Ausgangspunkt bei ihr ist das angenommene Kommunikationsdefizit bei Grundschülern, das bei der "Einführung der Freien Arbeit häufig Schwierigkeiten" mache (Breuer, 1990 : 9).

Sie erkennt, daß das größte Problem der Kinder der ersten und zweiten Klasse darin besteht, "verbal auf die Gesprächsinhalte anderer Mitschüler einzugehen" und zuhören zu können (ebd.). Also will sie 'erforderliche Verhaltensweisen' üben. Dazu zählt sie schon den lautlosen Stühletransport zum Sitzkreis (ebd. : 10), wobei "besonders leise und geschickte Kinder...lobende Aufmerksamkeit erhalten" (ebd).

Ähnliches gilt für Übungen zum Holen und Zurückbringen von Arbeitsmaterialien. Das Üben von Wortmeldungen gerade am Schulanfang ist für einen Einstieg in Unterrichtsgespräche, den sie allerdings gar nicht plant, sinnvoll, wobei es auch sicherlich wichtig ist, daß die Kinder lernen, "ihr Mitteilungsbedürfnis und ihr Verlangen nach Anerkennung aufzuschieben" (ebd. : 12).

Etwas riskant erscheint ihr Vorschlag, über "ein totales Chaos die Einsicht in erforderliche Regelung erfahrbar" zu machen (ebd.). Geeigneter sind da schon spielerische Formen des Zuhörens (ebd. 13ff), wobei 'echte' Gesprächssituationen - wie bei den oben genannten Übungen - ausgeschlossen sind.

Von ihr vorgeschlagene Flüsterübungen (ebd. : 14f) sind zur 'Lautstärke - Regelung' sicherlich nützlich und zur entsprechenden Atmosphäre bei Freiarbeit und Wochenplanarbeit Voraussetzung, sie fördern aber nicht automatisch Zuhörbereitschaft und Gesprächsfähigkeiten in Gesprächen.

Ihre "Sprechhilfen durch Gesprächsschemata" bestehen in erster Linie in der Routinisierung bestimmter Formulierungen (ebd. : 15f), die einem skill - training nahekommen. Sie machen Kindern wohl auch Spaß, sie leiten aber nicht zu Gesprächsbereitschaft an.

Insgesamt gesehen enthält ihre "Gesprächserziehung" keine Vorschläge zur Gestaltung von Unterrichtsgesprächen mit der Gesamtklasse oder in Schülergruppen. Darum kann sie keinem Ansatz des Unterrichtsgesprächs zugeordnet werden.

Gewiß lassen Situation und Reife der Kinder an Grundschulen nicht bei jeder Gelegenheit Unterrichtsgespräche in Form von Schülergesprächen oder Klärungsgesprächen zu. Doch die Konzepte zum offenen Unterricht sehen nunmal auch an Grundschulen Projekte und Besprechungen im Rahmen der Wochenplanarbeit, im Rahmen des Gruppenunterrichts vor. Die Literatur zur Freien Arbeit oder zur Wochenplanarbeit wurde nicht in vollem Umfang und systematisch auf den Stellenwert von Formen des Unterrichtsgesprächs untersucht. Die hier gemachten Anmerkungen sind daher kein endgültiges Resultat, sondern sollen in einer gesonderten Untersuchung der Konzepte 'offenen Unterrichts' im Hinblick auf Implikationen für Unterrichtsgespräche an anderer Stelle überprüft werden.

6.3. Zur Interpretation der Ergebnisse: Gesellschaftliche Entwicklung und schulische Antworten. Die Zukunft des 'Schülergesprächs'

Als Ergebnis läßt sich zusammenfassen:

1. - daß nur wenige Autoren das gesamte Bedingungsgefüge des Unterrichtsgesprächs bedenken;
   - daß alle anderen Autoren nur Teilbereiche dieses Bedingungsgefüges berücksichtigen;

2. - daß häufig die Erkenntnisse, die positiv für ein Schülergespräch sprechen, nicht den Vorschlägen zur praktischen Durchführung des vom Autoren intendierten Unterrichtsgesprächs entsprechen;
   - daß die praktischen Vorschläge, die die Durchführung eines Lehrgesprächs oder eines verlaufoffenen Lehrgesprächs intendieren, häufig nicht aus theoretischen Erkenntnissen abgeleitet sind;
   - daß die gesprächstheoretischen Ausführungen, die konstitutive Elemente des Schülergesprächs ablehnen, von den Autoren knapp gehalten werden und meist auf Behauptungen beruhen;

3. - daß das Schülergespräch in Reinform weder von den theoretischen Überlegungen her, noch von den Empfehlungen zur praktischen Durchführung von einem Autor intendiert wird.

Welche Folgerungen lassen sich aus diesen Ergebnissen ziehen?

Das Verständnis von Unterrichtsgespräch, das der Großteil der untersuchten 'Konzepte' vertritt, läßt häufig allenfalls ein abgemildertes Scheingespräch zu. Die Machtposition des Lehrers/der Lehrerin wird in keinem Fall angetastet. Er/sie besitzt letztlich trotz funktionaler Zugeständnisse an die Schüler seine/ihre alte Amtsautorität.

Es darf in Frage gestellt werden, ob Gesellschaftssysteme, die in zahlreichen Teilsektoren auf hierarchischen Strukturen beruhen, die Fähigkeit besitzen, autoritäre Verhältnisse und asymmetrische Kommunikationsstrukturen und - verhältnisse im Bereich der Sozialisation ohne weiteres zu beseitigen. Zahlreiche Autoren versuchen einen Widerspruch zwischen Unterricht und Gespräch zu konstruieren. Dem gesteuerten Lernprozeß wird größere Effektivität und Rationalität zugebilligt, ein Argument, das 'emanzipatorische' (emanzipatorisch - ein Wort, das gegenwärtig tabuisiert, ja, verpönt scheint) Lernziele oft aussticht.

Wenn Demokratie Mit- und Selbstbestimmung heißt und zu ihrer Verwirklichung 'kritische Mündigkeit' erforderlich ist, dann erscheinen unter dieser Maxime die untersuchten Konzeptionen in keinem besonders günstigen Licht. Der Widerstand gegen eine Demokratisierung des Unterrichtsprozesses, gegen "Partizipation" und Mitbestimmung der Schüler in Bezug auf Thema, Verlauf und Lernziel, ist gerade aufgrund der herausragenden Bedeutung der Schule im Sozialisationsprozeß nicht verwunderlich. Wer Sozialisation als Vermittlungs- und Internalisierungsprozeß der in einer Gesellschaft herrschenden Werte und Normen versteht (Neidhardt), und das Ziel der Sozialisation darauf verkürzt, den einzelnen im Rahmen der kulturellen, sozialen und materiellen Bedingungen seiner eigenen Gesellschaft lebens - und funktionsfähig zu machen, der nimmt diesen Rahmen als gegeben hin und intendiert keine 'emanzipatorische' Zielsetzung.

In diesen Rahmen passen dann weder Theorie noch Praxis des Schülergesprächs, da dieses Rollendistanz vom einzelnen, d. h. von Schüler/in und Lehrer/in erfordert. Rollendistanz bedeutet aber auch immer

Abweichung vom bisherigen Rollenverhalten und die Gefahr, daß bestehende Verhaltensnormen nicht mehr akzeptiert werden. Auf der anderen Seite wirkt das bisherige Rollenverständnis der 'schulischen Rollen' überholt angesichts der nicht nur auf Längenwachstum beschränkten Akzeleration der jetzigen Schülergeneration. Die 'Akzeleration' der Kids greift aus auf das Verhaltensrepertoire der Erwachsenenwelt, das seinerseits regressive Tendenzen bei zunehmender Brutalisierung aufweist. Erwachsenenwelt und Kinderwelt nähern sich unter massenmedialen Verhältnissen (Vgl. Kapitel 1) einander an, Kinder können zu Computer-Spezialisten, Erwachsene zu Kindern vor dem Fernsehen oder vor dem Computerspiel werden. Kinder und Jugendliche sind längst eine wichtige, wenn nicht die wichtigste Zielgruppe von Werbungsindustrien, sie sind ein marktwirtschaftlicher Faktor. Kinder sind heute ernstzunehmen, eben nicht nur wenn sie in ihrer negativen Entwicklung Entsetzen auslösen.

Die Kinder und Jugendlichen von heute sind in eine MedienScheinGefahrenWelt hineingeboren, die frühere Nachkriegsgenerationen in ihrer Entwicklung langsam heranwachsen sahen. Der vierzigjährige Erwachsene in der Bundesrepublik hat ganz allmählich Radio, Plattenspieler, Fernsehen, Stereoanlage, Videogerät, Fernbedienung, Kamera, Satelliten- und Kabelfernsehen, Computer usw. nacheinander und in ihrer Weiterentwicklung kennengelernt und oft genug trotzdem damit nicht vernünftig umzugehen gelernt. Die Kinder, die die heutige Schülergeneration stellen, werden mit diesen gegenwärtigen Produkten unserer Vergangenheit auf einen Schlag konfrontiert. Sie treffen von Kindesbeinen an auf ein vorläufiges technologisches Endprodukt unserer gesellschaftlichen Entwicklung, verbunden mit Endzeitszenarien, Umweltgefahren, Gewalt- und Terroraktionen und innen- und außenpolitischen nationalistischen Rückfällen.

Wenn Kinder und Jugendliche unter diesen Bedingungen ohne große Verwirrungen heranwachsen und aufwachsen, dann kann ihnen aber auch an positiven Möglichkeiten mehr zugemutet werden. Dann erscheint es sinnvoll, daß sie auch unter Anleitung mehr Verantwortung auch in der Schule übernehmen, da doch manche Kinder schon ohne jegliche Anleitung außerhalb der Schule Verantwortung für sich selbst und andere tragen müssen. Darum stellt sich die Frage aus den siebziger Jahren nach 'emanzipatorischen' Ansätzen in der Schule neu. Die Ansätze zum 'offenen Unterricht' können durchaus als ein Antwortversuch auf diese Frage verstanden werden.

Für Verfechter des "Schülergesprächs" gibt es darum keinen wirklichen Grund zur Resignation. Das allmähliche Vordringen 'schülerzentrierter' Unterrichtsphilosophien in den schulischen Alltag weist bereits auf eine 'theoretische' und faktische Veränderung der bisherigen Lehrerrolle hin.

Die 'Kommunikation' im Unterricht hat in diesen Konzepten einen hohen Stellenwert, der sich bisher noch nicht in aller Konsequenz in Konkretisierungen zum Unterrichtsgespräch ausdrückt. Hier entsteht für Sprechwissenschaft und Sprecherziehung möglicherweise ein Aufgabengebiet, das die Bedeutung des Faches in Schule, Lehrerausbildung und für die Erziehungswissenschaften erheblich aufwerten könnte.

Wenn auch nicht in allen Teilbereichen des Unterrichts und der Schule 'Schülergespräche' praktizierbar scheinen, so bieten sich doch alle Gebiete an, in den Schüler und Schülerinnen mit ihrem Sachverstand mitentscheiden können. Folglich wären die Rechte der Schülermitbestimmung institutionell zu stärken, so wie das das Bundesland Rheinland - Pfalz bereits vorgenomen hat. Schulpolitische Maßnahmen können so die Voraussetzungen zu 'Schülergesprächen' schaffen.

Um Schülerinnen und Schülern das "Mitsprechen" auch im Unterricht zu erleichtern, wäre von den Lehrenden bei der Themenwahl immer das Interesse und die Bedürfnisse der Schülerinnen zu berücksichtigen (Beck, 1989 : 38).

Schülerinnen und Schülern, die in Unterrichtsgesprächen "Klären" gelernt haben, sollten langfristig zunehmend größere Entscheidungsmöglichkeiten eröffnet werden. 'Schülergespräche' sollten dann tatsächlich der Lösung von Problemen dienen.

Schülerinnen und Schüler, die in der Schule "Klären" als Voraussetzung zum "Streiten" und Entscheiden gelernt haben, können später auf für alle vorteilhafte Weise in Beruf und Gesellschaft verantwortliche Entscheidungen treffen und ihre Rechte und Pflichten wahrnehmen.

7. Anhang

7.1 Überblick über die Einteilung der Autoren nach dem Klassifkationsschema

Autoren **Unterrichtsgesprächsformen:**

	LG	v.o. LG	thg. SG	SG
Aebli		X		
Becker		X		
Behrendt	X			
Bernatzki	X			
Bögl		X		
Braun			X	
Diedrich	X			
Erker			X	
Essen		X		
Fina		X		
Fischer			X	
Geißler			X	
Göldner		X		
Graucob		X		
Höller	X			
Katzer	X			
Kumetat		X		
Lexikon		X		
Meyer		X		
Odenbach			X	
Pilz-Gruenhoff		X		

Autoren	LG	v.o. LG	thg. SG	SG
Pschibul			X	
Reichert	X			
Ritz-Fröhlich			X	
Rössner			X	
Schorer			X	
Singer			X	
Stöcker	X			
Thiele		X		
Zacharias/ Klingberg	X			

7.2. Überblick nach Kategorien

	Gesprächstheoretische Grundlage	Legitimation	Praxisvorschläge	Qualifizierung
Reichert	normativ-phänomenologisch	politisch/pädagogisch	z.T. asymmetrisch/formal-symmetrisch Lehrer-dominant	
Katzer		pädagogisch/ didaktisch	asymmetrisch Lehrer-dominant	
Bernatzki	normativ-phänomenologisch	pädagogisch/ moralisch	asymmetrisch Lehrer-dominant	
Dietrich	unterrichtsmethodisch	politisch/ pädagogisch/moralisch	asymmetrisch Lehrer-dominant	

	Gesprächs-theoretische Grundlage	Legitimation	Praxisvorschläge	Qualifizierung
Stöcker	phänomenologisch	politisch	asymmetrisch/formalsymmetrisch Lehrer-dominant	
Behrendt		pädagogisch	asymmetrisch/formalsymmetrisch Lehrer-dominant	
Höller	phänomenologisch/normativ	politisch/pädagogisch	asymmetrisch Lehrer-dominant	
Klingberg/Zacharias	deskriptiv/funktional	pädagogisch/lerntheoretisch/methodisch	asymmetrisch Lehrer-dominant	
Bögl	phänomenologisch/normativ	pädagogisch/methodisch	eingeschränkt/formal/-symmetrisch Lehrer-dominant	
Leuthold		pädagogisch/methodisch	eingeschränkt/formal/-symmetrisch Lehrer-dominant	
Kumetat '57		pädagogisch	formalsymmetrisch Lehrer-dominant	
Kumetat '65	phänomenologisch	pädagogisch/lerntheoretisch/moralisch	eingeschränkt/formal/-symmetrisch Lehrer-dominant	
Aebli		pädagogisch/lerntheoretisch	formalsymmetrisch Lehrer-dominant	
Meyer		pädagogisch/gruppendynamisch	eingeschränkt/formal/-symmetrisch Lehrer-dominant	

	Gesprächs-theoretische Grundlage	Legitimation	Praxisvor-schläge	Qualifizierung
Graucob '66	sprachdidaktisch	didaktisch	formalsymmetrisch/"äußere Sprechzucht" Lehrer-zentral	
Graucob '73	sprachdidaktisch	didaktisch	formalsymmetrisch Lehrer-zentral	
Essen	sprechkundlich	sprachdidaktisch/sprecherzieherisch/methodisch	formalsymmetrisch Lehrer-zentral	
Becker u.a.		didaktisch/methodisch/lerntheoretisch/politisch	formalsymmetrisch/z.T. symmetrische Ansätze Lehrer-zentral	Trainingsprogramm
Fina	'dialogisch'/unterrichtsbezogen	fachdidaktisch/methodisch/lerntheoretisch	eingeschränkt-formal-/symmetrisch	dokumentiertes Verhaltenstraining
Pilz-Gruenhoff	Typisierung/'Formenlehre' des Gesprächs		eingeschränkt-/formal-/symmetrisch	
Thiele	phänomenologisch	politisch/pädagogisch	eingeschränkt-/formal-/symmetrisch Lehrer-zentral	Trainingsprogramm
Fischer	unterrichtsspezifisch	pädagogisch/moralisch	z.T. symmetrisch/inhalts-ergebnisorientiert Lehrer-zentral	
Erker	unterrichtsspezifisch-kritisch	pädagogisch/methodisch/moralisch	z.T.symmetrisch/ergebnisorientiert Lehrer-zentral	
Odenbach	unterrichtsspezifisch	didaktisch/pädagogisch	z.T. symmetrisch/ergebnisorientiert Lehrer-zentral	

	Gesprächstheoretische Grundlage	Legitimation	Praxisvorschläge	Qualifizierung
Singer	phänomenologisch	didaktisch/pädagogisch	z.T. symmetrisch/ergebnisorientiert Lehrer-zentral	
Rössner	funktional/unterrichtsspezifisch	politisch	z.T./formal/symmetrisch z.T Lehrer-Schüler-gleichberechtigt	
Schorer	'gesprächsphilosophisch'	pädagogisch/moralisch	z.T. symmetrisch themabestimmt Lehrer-zentral	
Braun	'Formenlehre des Gesprächs'	politisch/moralisch/lerntheoretisch	z.T. symmetrisch abnehmend Lehrer-dominant	
Geißler	'gesprächsphilosophisch' 'Formenlehre des Gesprächs'	pädagogisch/politisch	z.T. symmetrische Ansätze	
Ritz-Fröhlich	funktional-struktural	pädagogisch	z.T. symmetrisch schülerzentriert abnehmend Lehrer-dominant	
Pschibul	unterrichtsspezifisch	pädagogisch/methodisch	z.T. symmetrisch schülerzentriert	

LITERATURLISTE

Aebli, H. (1961). Grundformen des Lehrens. Stuttgart.

Bartsch, E. (1974). Die Funktion der Sprechkunde in der Ausbildung des Deutschlehrers. Düsseldorf. (Schriftenreihe Heft 20)

Bartsch, E. (Hrsg.). (1982). Mündliche Kommunikation in der Schule (Sprache und Sprechen, Band 8).

Beck, M. (1989). Gesprächserziehung als Gegenstand des Deutschunterrichts. In Hör- und Sprecherziehung. Deutsch in der Grundschule, (S.33 - 37), Schriftenreihe des SIL. Speyer.

Beck, M. (1991). 'Rhetorische Kommunikation' oder 'Agitation und Propaganda'. Zu Funktionen der Rhetorik in der DDR. St. Ingbert.

Beck, M. (1993). Das Interesse an Rhetorik in Deutschland. In R. Dahmen, A. Herwig & Wessela, E. (Hrsg.), Rhetorik in Europa (S. 33 - 42), Berlin.

Becker, G., Bilek, R., Clemens - Lodde, B. & Köhl, K. (1976). Unterrichtssituationen I. Gespräch und Diskussion. München.

Behme, H. (1977). Zur Theorie und Praxis des Gesprächs in der Schule - eine Bibliographie. Kastellaun.

Behme, H. (1985). Miteinander reden lernen. Sprechspiele im Unterricht (4. (1992)) Studium DaF - Sprachdidaktik, Hg. B. Dietrich und G. Neuner .München.

Behrendt, F. (1964). Das Gespräch im Unterricht. In A. Salffner (Hrsg.), Sprachliche Bildung (S. 34 - 40). München.

Bernatzki, A. (1952/53). Diskussion - Gespräch. Gedanken zum Klassengespräch. Pädagogische Rundschau, 7, 340 - 345.

Berthold, S. & C. L. Naumann (Hrsg.) (1983). Mündliche Kommunikation im 5. - 10. Schuljahr. Bad Heilbrunn.

Berthold, S. (1986). Kooperative Aspekte einer Übung zur argumentativen Kurzrede. In A. Weber (Hrsg.), Kooperatives Lehren und Lernen in der Schule (S. 320 - 325). Heinsberg.

Berthold, S. (1993). Reden lernen (Übungen für die Sekundarstufe I und II). Frankfurt/M.

Berthold, S. & Pabst, M. (1981). Gesprächserziehung durch Rollenspiel in Grund- und Hauptschule. Zwei Unterrichtsmodelle im Deutschunterricht. In Meyer & Weber (Hrsg.), Aktivierung von Gruppenprozessen (Band 1, S. 199 - 211). Paderborn.

Bögl, G.(1951). Ohne Titel. In L. Joost (Hrsg.), Das Unterrichtsgespräch (S. 17 - 27). Braunschweig.

Bönsch, M. (1981). Moderne Unterrichtsgestaltung: Konzepte - Methoden - Mittel. München.

Bönsch, M. (1991). Variable Lernwege: ein Lehrbuch der Unterrichtsmethoden. Paderborn, München, Wien, Zürich.

Braun, K. (1972). Gesprächsformen für die Hauptschule. Unterricht heute, 23, 555 - 560.

Breuer, G. (1990, 2. Auflage). Freie Arbeit im 1. und 2. Schuljahr. München.

Dieckmann, W. (1977). Diskussion und Demokratie. Zum Diskussionsbegriff in der schulischen Erziehung. In Dieckmann, W. (1981), Politische Sprache, politische Kommunikation (S. 159 - 186). Heidelberg.

Dietrich, Th. (1953). Freies Unterrichtsgespräch in der Grundschule. Lebendige Schule, 8, 229 - 237.

Dyck, J. (Hrsg.) (1974). Rhetorik in der Schule. Kronberg/Ts.

Eigler, G., Judith, H., Künzel, M. & Schönwälder,A. (1975, 2. Auflage). Grundkurs Lehren und Lernen. Weinheim und Basel.

Erker, H. (1962). Unterrichts - und Pseudounterrichtsgespräche. Blätter für die Lehrerfortbildung, 14 (6), 210 - 217.

Essen, E. (1973). Praxis der Differenzierung im Deutschunterricht (5. und 6. Schuljahr). Heidelberg.

Fina, K. (1978). Das Gespräch im historisch - politischen Unterricht.

München.

Fischer, H. (1955). Das freie Unterrichtsgespräch. Braunschweig.

Gagne, R.M. (1975, 4. Auflage). Die Bedingungen menschlichen Lernens. Hannover.

Geissler, E.E. (1973). Analyse des Unterrichts. Bochum.

Geißner, H. (1957). Sprechkundliche Grundlegung. In Sprechkunde und Sprecherziehung. (Band 3) (27 - 44) Emsdetten.

Geißner, H. (1969). Rhetorische Kommunikation. Sprache und Sprechen, 2, 70 - 81.

Geißner, H. (1975/1). "Klären und streiten". In B. Badura, et al (Hrsg.), Reden und reden lassen. Rhetorische Kommunikation (S. 59 - 75). Stuttgart.

Geißner, H. (1975/2). Rhetorik und politische Bildung. Kronberg. (1. Aufl. 1973, Schriften der Europ. Akademie Otzenhausen; 3. Aufl. 1986 Frankfurt).

Geißner, H. (1977). Rhetorische Kommunikation im Unterricht. In H. F. Plett (Hrsg.), Rhetorik (S. 293 - 303). München.

Geißner, H. (1979/1). Rhetorische Kommunikation. Praxis Deutsch, 33, 20 - 21.

Geißner, H. (1979/2). Über das Rhetorische in der Politik und das Politische in der Rhetorik. In R. Dahmen (Hrsg.), Erziehung zur politischen Mündigkeit (S. 9 - 37). Otzenhausen.

Geißner, H. (1981). Sprechwissenschaft. Theorie der mündlichen Kommunikation. Königstein. (2. Aufl. 1988)

Geißner, H. (1982). Sprecherziehung. Didaktik und Methodik der mündlichen Kommunikation. Königstein. (2. Aufl. 1986)

Geißner, H. (1993/1). Gesprächsrhetorik. In G. Ueding (Hrsg.), Historisches Wörterbuch der Rhetorik (Band 2). Tübingen. (Manuskript)

Geißner, H. (1993/2). Gesprächsmaximen. Manuskript

Geißner, H. (1993/3). Gesprächserziehung. In G. Ueding (Hrsg.), Historisches Wörterbuch der Rhetorik (Band 2). Tübingen. (Manuskript)

Geißner, H. & Geißner, U. (1974). Sprecherziehung: Mündliche Kommunikation. In Chr. Hannig (Hrsg.), Zur Sprache des Kindes im Grundschulalter (S. 163 - 183). Kronberg.

Geißner, U. (1978). Gesprächserziehung in der Grundschule. In Chr. Hannig (Hrsgn.), Deutschunterricht in der Primarstufe (S. 25 - 41). Neuwied, Darmstadt.

Geißner, U. (1979). Gespräche lernen. Praxis Deutsch, 33, 41 - 44.

Geißner, U. (1985). Lehrerreaktionen und sprecherischer Ausdruck. Gießen.

Göldner, H.-D. (1971). Planmäßige Pflege des Unterrichtsgesprächs. Blätter zur Lehrerfortbildung, 23, 298 - 308.

Gordon, Th. (1977). Lehrer - Schüler - Konferenz. Hamburg.

Graucob, K. (1966, 3. Auflage). Mündliches und schriftliches Darstellen im Deutschunterricht des 5. bis 10. Schuljahres. Kiel.

Graucob, K. (1973, 8. Auflage). Der muttersprachliche Unterricht in der Grundschule. Kiel.

Grell, J. & M. Grell (1983). Unterrichtsrezepte. Weinheim und Basel.

Heine, W. (1952). Diskussionsübungen als Vorbereitung für den Besinnungsaufsatz. Der Deutschunterricht, 4, (3), 93 - 98.

Höller, E. (1970, 3. Auflage). Theorie und Praxis des Schülergesprächs. Wien und München.

Hörner, H. (1973). Lernchancen durch das Unterrichtsgespräch. In G. Lotzmann (Hrsg.), Das Gespräch in Erziehung und Behandlung (S. 81 - 89). Heidelberg.

Joost, L.(Hrsg.) (1951, 2. Auflage). Das Unterrichtsgespräch. Braunschweig.

Kaspar, F. (1971). Gruppenpädagogisches Unterrichtsverfahren für den Religionsunterricht. München und Stuttgart.

Katzer, M. (1951) Das Lehrgespräch in der Volksschule. Düsseldorf.

Kainz, F. (1973). Sprachpsychologische Bemerkungen zum Thema 'Schülergespräch' . In D. Spanhel (Hrsg.), Schülersprache und Lernprozesse (341 - 352). Düsseldorf.

Klingberg, L. (1974, 2. Auflage). Einführung in die Allgemeine Didaktik. Berlin (Ost).

Köck, P. (1987). Praktische Schulpädagogik. Donauwörth.

Kumetat, H. (1957). Pflege der Gesprächsformen in der Schule. Sprechkunde und Sprecherziehung (Band 3) (S. 125 - 137). Emsdetten.

Kumetat, H. (1965). Gesprächsführung in den Situationen des Jenaplans. In H. Mieskes (Hrsg.), Jenaplan - Aufruf und Antwort (S.83 - 111). Oberursel.

Kunert, K. (1978). Theorie und Praxis des offenen Unterrichts. München.

Lehrplan Deutsch - Grundschule (1984). (Hrsg.) Kultusministerium Rheinland - Pfalz. Grünstadt.

Lehrplan Deutsch - Klassen 7 - 9/10, Hauptschule, Realschule, Gymnasium. (1984). (Hrsg.) Kultusministerium Rheinland - Pfalz. Grünstadt.

Lehrplan Deutsch - Orientierungsstufe (1988). (Hrsg.) Kultusministerium Rheinland - Pfalz. Grünstadt.

Leuthold, H. (1951). Unterrichtsgespräch. In Lexikon der Pädagogik (1951). Bern. 821 - 824.

Maier, H. (1969, 2. Auflage). Das Gespräch im Unterricht. In E. Meyer, Didaktische Studien. Neuer Stil in Schule und Unterricht, (S.56 - 70). Stuttgart.

Meyer, E. (1964, 4. Auflage). Gruppenunterricht. Worms.

Meyer, E. (Hrsg.) (1968). Zum Begriff und Problem des Unterrichtsgesprächs. Blätter für Lehrerfortbildung, 20 (10), 361 - 367.

Meyer, H. (1980). Schülerorientierung - Feiertagsdidaktik oder konkrete Utopie? In G.- B. Reinert (Hrsg.), Praxishandbuch Unterricht (173 - 184). Reinbek bei Hamburg.

Ockel, E. (1974). Rhetorik im Deutschunterricht. Göppingen.

Odenbach, K. (1966, 3. Auflage). Studien zur Didaktik der Gegenwart. Braunschweig.

Pfaff, H. (1983). Dialogregeln im Unterricht. Frankfurt/M.

Pilz - Gruenhoff (1979). Gesprächsführung im Unterricht. Die Klasse lernt diskutieren. Freiburg, Basel, Wien.

Potthoff, W. (1973). Das Unterrichtsgespräch als Lernform. In D. Spanhel (Hrsg.), Schülersprache und Lernprozesse (S.352 - 359). Düsseldorf.

Pschibul, M. (1979). "Der Lehrer lerne schweigen, damit die Schüler reden lernen" - Gesprächserziehung in der Hauptschule. In K. Kunert (Hrsg.), Beispiele zum offenen Unterricht (S. 68 - 95). München.

Praxismappe Freiarbeit. Bd.1. (1989). (Hrsg.) Ulrich Hecker. Mülheim.

Ramseger, J. (1977). Offener Unterricht in der Erprobung: Erfahrungen mit e. didakt. Modell. München.

Reichert, W. (1951). Ohne Titel. In L. Joost (Hrsg.), Das Unterrichtsgespräch (S. 28 - 38). Braunschweig.

Reitemeier, H. & R. Reitemeier (1960). Die Pflege der sprachlichen Ausdrucksgestaltung im Deutschunterricht. In E. Pax (Hrsg.), Erziehung und Unterricht in den mittleren Schulen. Frankfurt/M., Berlin, Bonn.

Ritz - Fröhlich, G. (1977). Das Gespräch im Unterricht. Bad Heilbronn/Obb. (2. Auflage 1982)

Rössner, L. (1967). Gespräch, Diskussion und Debatte im Unterricht der Grund- und Hauptschule. Frankfurt/M., Berlin, Bonn, München.

Scheel, B. (1978). Offener Grundschulunterricht. Weinheim und Basel.

Scholz, H.-J. (1975). Das Gespräch als didaktisches Prinzip an der Schule für Sprachbehinderte. In G. Lotzmann (Hrsg.), Das Gespräch in Erziehung und Behandlung, (S. 144 - 149). Heidelberg.

Schörken, R. (1975). Die öffentliche Auseinandersetzung um neue Lehrpläne für politische Bildung und das Konsensusproblem. In K.G. Fischer (Hrsg.), Zum aktuellen Stand der Theorie und Didaktik der politischen Bildung, (S.9 - 24). Stuttgart.

Schorer, R. (1970, 4. Auflage). Das Gespräch in der Schule. Frankfurt/M., Berlin, München.

Schulz, W. (1969). Umriß einer didaktischen Theorie der Schule. In C. L. Furck (Hrsg.), Zur Theorie der Schule. Weinheim.

Schmidt, W. & E. Stock (Hrsg.) (1984). Rede - Gespräch - Diskussion. Grundlagen und Übungen. Leipzig.

Sennlaub, G. (Hrsg.) (1984, 2. Auflage). Feuer und Flamme. 99 Vorschläge zu Arbeitsmitteln für Freiarbeit und Wochenplan. Heinsberg.

Singer, K. (1966). Aufsatzerziehung und Sprachbildung. München.

Skowronek, H. (1969). Lernen und Lernfähigkeit. In Grundfragen derErziehungswissenschaft (Band 9). München.

Stöcker, K. (1960, 10. Auflage). Neuzeitliche Unterrichtsgestaltung. München.

Slembek, E. (1979). Wonach fragen - wie nachfragen? Praxis Deutsch,33, 24 - 25.

Slembek, E. (1984). Fragen, ein Problem der Unterrichtskommunikation. In W. Kühlwein, (Hrsg.), Sprache, Kultur und Gesellschaft (S. 133 - 134). Tübingen.

Tausch, R. (1968). Wesentliche Verhaltensdimensionen und Zusammenhänge der sozialen Interaktion in Erziehung und Unterricht. In E. Meyer (Hrsg.), Didaktische Studien.

Thiele, H. (1981). Lehren und Lernen im Gespräch. Gesprächsführung im Unterricht. Bad Heilbrunn/Obb.

Thiele, H. (1983). Trainingsprogramm Gesprächsführung im Unterricht. Kognitives Lehrtraining zum Selbststudium. Bad Heilbrunn/Obb.

Wagner, R.W. (1987). Sprechen lehren in der Schule. Vorschläge zur Verbesserung der schulischen Gesprächs- und Redepädagogik. In D.-W. Allhoff (Hrsg.), Sprechen lehren, reden lernen (132 - 139). München und Basel.

Wallrabenstein, W. (1992). Offene Schule - Offener Unterricht. Reinbek bei Hamburg.

Walz, R. (1992). Keine Angst vor Freiarbeit. Planung, Arbeitsmaterial, Kontrolle. Ein Praxisbuch. Niederzier.

Wintgens, H.- H. (1975). Gesprächsformen des Alltags - Die unterrichtliche Realisierung im Rahmen der mündlichen Kommunikation. Neue Unterrichtspraxis, 8, 19 - 25.

Zacharias, Ch. (1974, 4. Auflage). Sprecherziehung. Berlin (Ost).

Nachbemerkungen

Was habe ich mir vor und während meiner Arbeit an diesem Büchlein gemerkt, das mich veranlassen könnte, noch 'ne Bemerkung zum Abschluß (für mich und für Sie) zu machen?

Gemerkt hab' ich mir,
1. wie Hellmut Geißner - über Jahre hinweg - immer wieder bemerkte, daß es ja schade sei, wenn meine Hausarbeit "Gespräch im Unterricht. Kritische Darstellung verschiedener Ansätze zum Unterrichtsgespräch" (1978), die ich als Arbeit für die Wissenschaftliche Prüfung für das Lehramt an Grund- und Hauptschulen geschrieben hatte, nicht für eine Veröffentlichung bearbeite,
2. wie Hellmut Geißner - nachdem ich mich zu einer Überarbeitung und Veröffentlichung entschlossen hatte - mich immer wieder beratend zu neuen Ideen - und neuer Arbeit - ermunterte, so daß am Ende weit mehr als ein Remake herausgekommen ist.
Dafür und für vieles mehr möchte ich auch öffentlich Vielen Dank sagen.
'Man' wird Hellmut Geißner in Landau vermissen.
3. wie Werner Damm, Offenbach/Q., mir mit kritischen Anmerkungen weitergeholfen hat.

Offenbach/Q., Ende Dezember 1993
Martin Beck